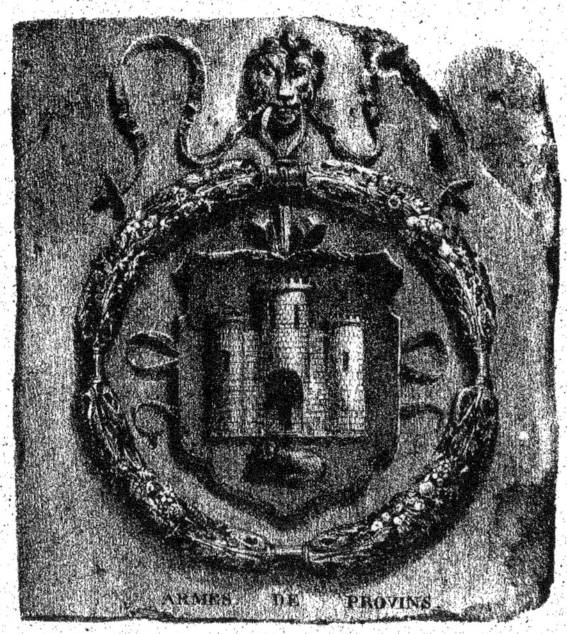

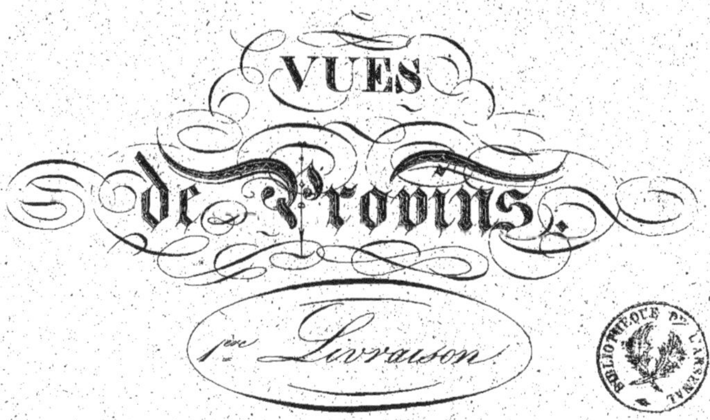

Litho: de C. Motte rue des marais.

A Paris chez Gide libraire rue S.t Marc Feydeau, N.° 20.
et à Provins chez Le Beau imprimeur de S. A. R. Monsieur.

VUES
DE PROVINS,

DESSINÉES ET LITHOGRAPHIÉES, EN 1822,
PAR PLUSIEURS ARTISTES;

AVEC UN TEXTE PAR M. Du Sommerard.

A PARIS,

CHEZ GIDE, LIBRAIRE, RUE SAINT-MARC-FEYDEAU, N° 20;
ET A PROVINS, CHEZ LEBEAU, IMPRIMEUR DE S. A. R. MONSIEUR.

1822.

FRONTISPICE.

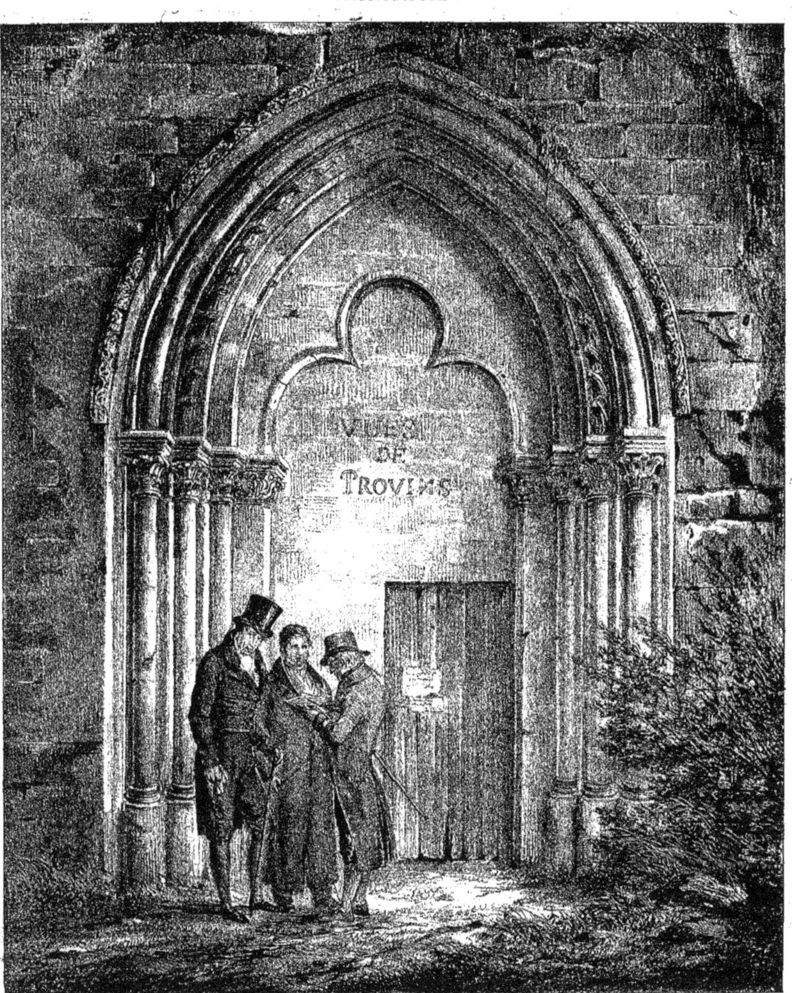

Calvin del. | Litho. de C. Motte

Vue du Portail méridional de l'église St. Quiriace.

AVANT-PROPOS.

Nous croyons devoir faire précéder de quelques observations le texte explicatif que nous aurions desiré de pouvoir rendre encore plus court qu'il ne sera, tout l'intérêt de cet ouvrage devant porter sur le travail des Artistes, auxquels seuls appartient le mérite de cette publication fortuite et désintéressée.

Ces observations, adressées principalement aux premiers Souscripteurs de Provins, pourront peut-être nous épargner de leur part, sinon des critiques que la rapidité de notre travail d'emprunt pourra motiver, en nous justifiant sous quelques rapports, mais du moins des reproches de légèreté ou d'indifférence pour des traditions que les zélés Provinois aimeraient, nous le concevons, à voir consacrer dans un ouvrage qui a leur ville pour objet.

Nous n'ignorons pas, quoique étranger à Provins, que ses habitans sont divisés depuis plus de trois cents ans, sur la question de l'antiquité plus ou moins reculée de cette ville; qu'un très-grand nombre, s'appuyant sur les témoignages de divers auteurs des XVIe et XVIIIe siècles, dont les indications ont été commentées avec talent et patriotisme, dans un ouvrage publié en 1818 par le vénérable M. Opoix, sous le titre *d'Ancien Provins,* contestent à la ville de *Sens* un droit qu'elle s'arroge depuis environ dix-sept cents ans, d'après les écrits de Claude Ptolémée et autres, et revendiquent en faveur de Provins le nom d'*Agendicum,* cité à plusieurs reprises dans les *Commentaires de César,* comme étant celui d'une place forte où ce général mit en quartier d'hiver jusqu'à six légions (36,000 hommes).

Nous savons aussi que Provins a trouvé dans ses propres citoyens des avocats éloquens et très-instruits de la cause de *Sens*, et qu'il est résulté de cette controverse une espèce de lutte corps à corps, dans laquelle, ainsi qu'il arrive toujours en espèces semblables, des considérations étrangères aux débats ont prévalu sur les intérêts généraux qui l'avaient fait naître. La discussion a dès-lors perdu le caractère qu'elle aurait dû conserver ; et la polémique, empruntant le langage de la satire, a envenimé la discussion au lieu de l'éclairer, sans laisser d'autres fruits de travaux, d'ailleurs estimables, que de déplorables animosités entre des compatriotes dont le zèle et le talent pouvaient concourir plus utilement à la solution de ce problême.

Il n'entrait ni dans notre plan, ni dans nos vues, d'ajouter, par la manifestation de notre opinion personnelle, qui n'eût été d'aucun poids, au nombre déjà si étendu des personnes qui ont pris part à cette discussion. Il ne s'agit d'ailleurs pas ici d'un Mémoire pour l'Académie des Inscriptions, mais d'une simple description de monumens et ruines dans leur état actuel, présentée sous le rapport pittoresque, et animée, lorsque nous en trouverons l'occasion, par le récit succinct de quelques traits historiques ou anecdotiques à peu près incontestables.

Nous ne nous attacherons donc pas à prévoir l'issue de la guerre peut-être interminable qui s'est engagée depuis si long-temps au sujet de l'*Agendicum*, et dans laquelle figurent, comme champions de *Sens*, *Ptolémée*, qui écrivait sous Marc-Aurèle, *Æticus*, *Adrien de Valois*, historiographe de Louis XIV, d'*Anville*, *Perrot d'Ablancourt*, *Lamartinière*, et tant d'autres; et comme chevaliers défenseurs des titres de gloire de Provins, comme ville césarienne, *Robert Gaguin*, général de la Trinité sous Charles VIII, *Raymond Marlian*, *Billate*, *Jacques de Charron*, *Duchesne*, etc., etc., et, parmi nos illustres contemporains, *MM. Barbié du Bocage*, *Lemaire* et *Achaintre*, dont l'opinion positive à cet égard est exprimée dans une dissertation latine, et dans la carte de l'ancienne Gaule, qui font partie de la belle édition des classiques latins.

Nous éviterons avec d'autant plus de soin de prendre parti à ce sujet entre MM. Opoix et Pasques, qui sont à Provins les chefs des deux opinions, que nous avons également à nous louer de l'obligeance et des procédés de ces deux messieurs, à qui nous devons les principaux élémens de notre travail.

Dans le silence de l'histoire, nous laissons aux archéologues, aux architectes et aux *Commentateurs* des *Commentaires de César* à décider à qui Provins est redevable de ses belles fortifications des *Gaulois*, de *César*, de *Probus*, qui fit quelque séjour à Provins; de *Clovis*, qui s'en empara par un moyen détourné, ou des premiers comtes de Champagne, héritiers en partie de l'empire de Charlemagne. Nous abandonnons de grand cœur à ces *autorités* le soin de prouver, chacun dans le sens de son opinion *personnelle*, ou subordonnée à la manière de voir opposée d'un concurrent, si *décidément* c'est à Provins ou à Sens que *Labienus* laissa ses bagages en partant pour assiéger Paris, ou si, dans la première supposition même, nos premiers princes français n'ont pas profité des constructions gauloises ou romaines, peut-être alors démantelées, pour établir un nouveau système de fortifications, approprié aux moyens guerriers de leur temps, ce qui expliquerait l'existence, dans les portes et les arceaux, de l'ogive au lieu du plein ceintre, employé généralement dans les constructions romaines.

Il y a peut-être quelque mérite de notre part à nous priver bénévolement du surcroît d'intérêt que nous aurions donné à nos descriptions, en présentant les fortifications encore debout, comme les vigies, d'où les soldats de César observaient la marche de Vercingentorix, et les voûtes des magnifiques caveaux de la ville haute, qui, dans cette hypothèse, ont dû servir de prisons aux Gaulois captifs, comme répétant encore les plaintes de nos aïeux contre leurs oppresseurs.

Le sacrifice que nous faisons de ces avantages, par amour de la vérité, ou, si l'on veut, par crainte d'émettre une opinion que l'insuffisance de nos lumières ne nous permettrait pas de soutenir, ne nous laisse aucun regret.

Satisfait du dédommagement que nous offre l'aspect actuel de ces débris imposans qui donnent la mesure de ce que devaient être, il y a *seulement* quelques siècles, les constructions dont ils ne présentent plus que le squelette inanimé, nous considérons leur contemplation comme un spectacle encore assez digne de fixer les regards, pour que, sans la considération du séjour de César dans les casemattes de sa tour, et des sorties de *Labienus* par la poterne *Fénéron,* les Provinois les plus fiers de l'antiquité de leur ville, puissent encore s'enorgueillir de leur patrie. Aussi les engageons-nous à recueillir, avec une joie sans mélange, les témoignages d'étonnement et d'admiration que ces ruines, monumens d'une grandeur bien déchue, ne peuvent manquer d'arracher aux curieux qui ne les considéreraient même que comme des monumens français du moyen âge, première époque où l'histoire nous fournisse sur ces constructions les renseignemens que nous reproduirons à l'appui de nos descriptions, tout en répétant sans scrupule, quand nous en trouverons l'occasion, les indications et les traditions, même vulgaires, qui sembleraient appuyer l'opinion de la fondation et de l'occupation de la ville haute de Provins par les Romains.

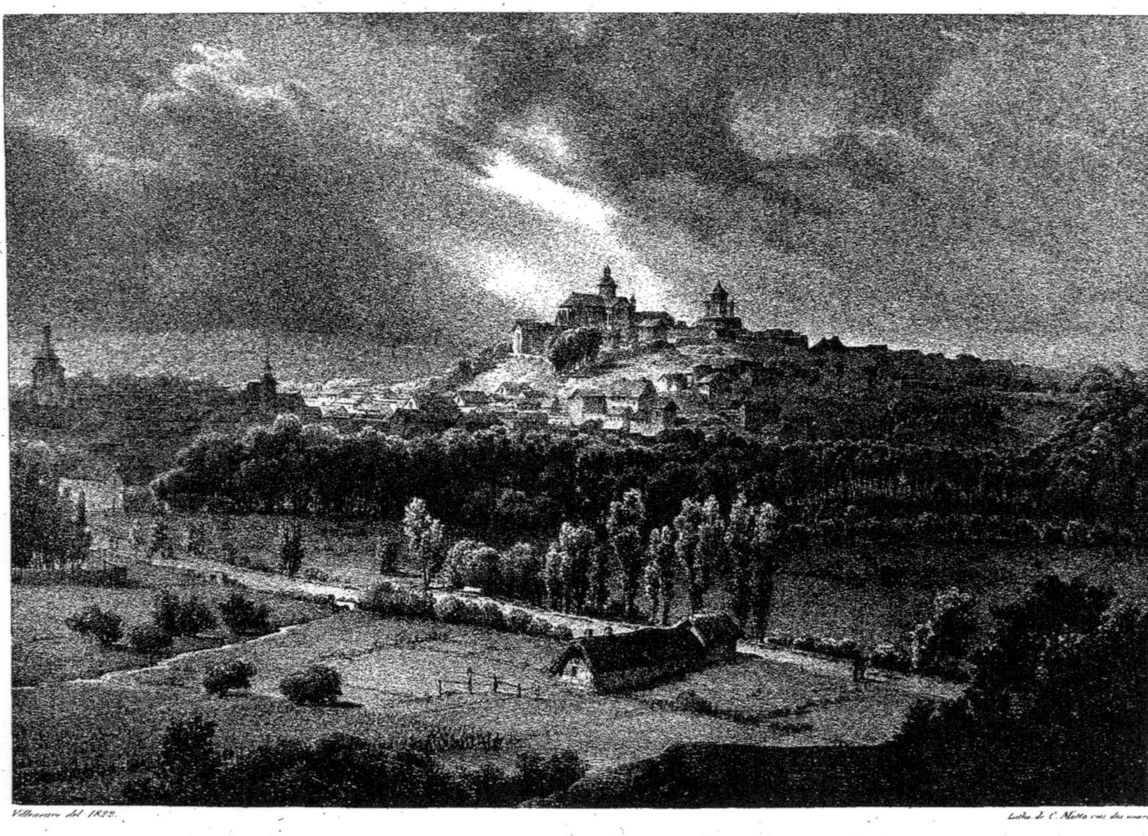

Villeneuve del. 1822.

Litho. de C. Motte rue des marais

Vue générale.

VUE GÉNÉRALE DE PROVINS.

Quoique, par des considérations qui tiennent à l'exécution lithographique, la Vue générale de Provins ne doive paraître qu'avec la IIIe et dernière Livraison, nous plaçons en tête de notre texte la Notice historique qui se rapporte à cette Vue, comme offrant un tableau synoptique, auquel nous serons souvent dans le cas de renvoyer dans les descriptions particulières.

Provins est partagé en ville haute et en ville basse. La fondation de la ville haute, dont l'époque est incertaine, remonte incontestablement à des temps très-éloignés. Duchesne, dans ses *Antiquités des Villes de France* (tom. Ier, chap. VI), parle de Provins comme de la *première et de la principale ville de toute la Brie*, et ajoute à son opinion, que nous ne discutons pas, sur l'existence et sur l'importance de cette ville du temps de César, qu'*elle était en splendeur* il y a plus de seize cents ans (aujourd'hui 1800).

Quant à la ville basse, qui a été construite sur un emplacement occupé jusque-là par une vaste forêt de châtaigniers, dont l'exploitation a été mise à profit sur les lieux mêmes, ses premières constructions ne remontent qu'au IXe siècle [1].

Tout en laissant de côté, comme matière à discussion, les opinions qui attribuent à César la construction des fortifications, et particulièrement de la tour qui porte encore son nom, ce qui ne serait pour nous qu'une semi-preuve, d'après la connaissance que nous avons de plusieurs autres monumens prétendus *Césariens*, et qui datent bien évidemment de temps postérieurs à la conquête des Gaules, nous admettons, avec plusieurs historiens, que Probus, alors général romain, et depuis empereur, séjourna à Provins vers l'an 270 de Jésus-Christ.

[1] Nous entendons par le IXe siècle, depuis 900 jusqu'à 1000 ; autrement, et en suivant une autre dénomination, souvent adoptée, nous ne concevrions pas quel aurait été le premier siècle.

C'est même à cette circonstance qu'on attribue, non sans quelque apparence de raison, l'étymologie du nom actuel de cette ville, appelée d'abord *Castrum Probi* (Château de Probus), d'où serait venu *Probinùm*, et, par corruption, *Provinum.* L'origine incontestable du nom de plusieurs autres villes de France, vient appuyer cette présomption. Tels sont ceux d'*Aurelianum* et de *Gratianopolis*, commémoratifs des services rendus par *Aurélien* et *Gratien* aux villes d'*Orléans* et de *Grenoble*, dont les dénominations actuelles sont des dérivés corrompus de ces noms primitifs.

Probus, envers qui l'histoire nous rend redevables de nos vignobles, aurait, dit-on encore, favorisé particulièrement la plantation de la vigne dans le canton de Provins, où de nombreux coteaux, bien exposés, présentaient des sites favorables à cette culture, alors inconnue dans cette partie des Gaules. Pourquoi faut-il que sa transformation en province de *Brie* lui ait fait perdre la réputation dont elle jouissait sans doute alors, si, comme on l'assure, c'est aux Provinois qu'on doit la méthode de culture par marcottes, désignée encore aujourd'hui sous le nom de *Provins*, et qui remonterait à ces temps.

En reconnaissant que rien ne repousse ces premières traditions touchant la célébrité de Provins comme cité gauloise ou romaine, nous devons avouer que ce n'est qu'à partir du règne de Clovis que l'horizon historique de cette ville commence à s'éclairer.

Boulainvilliers cite Provins comme ayant été livré à ce prince vers 485, par l'influence de *Siagrius*, général romain, son prisonnier; d'où on pourrait conclure qu'il fallait que cette place présentât dès-lors des moyens de résistance pour que Clovis, ce roi guerrier, s'en emparât par ruse, au lieu de l'attaquer à force ouverte.

Clovis, pour utiliser la belle position de Provins, et peut-être les fortifications gauloises ou romaines déjà existantes, a-t-il construit ou accru celles dont il reste encore des vestiges? C'est une question qu'ont résolue dans ce sens plusieurs architectes qui ont cru reconnaître une grande analogie entre le système de bâtisse de ces fortifications, et celui employé pour l'élévation de l'ancienne église de Sainte-Geneviève de Paris, construite à cette époque, selon leur opinion (contestée par d'autres), en l'honneur de cette sainte, morte la même année que Clovis, en 511.

De Clovis à Charlemagne, qui établit à Provins, vers 770, un Hôtel des monnaies qui subsista environ cinq cents ans dans le local qui est devenu depuis le presbytère de la paroisse de Saint-Pierre, de nouvelles ténèbres viennent envelopper l'histoire de cette ville, ce qui tient, disent plusieurs écrivains, à ce que les Anglais, qui s'en emparèrent à diverses reprises dans les guerres du moyen âge, enlevèrent les manuscrits, qu'on suppose encore existans à Londres.

Les traces historiques sur cette ville ne se retrouvent, pour ne plus se perdre, que vers le milieu du IXe siècle. A cette époque Thibault Ier, fils de Richilde, sœur des rois Eudes et Robert, ayant épousé Lentgarde, sœur d'Herbert II, à qui les comtés de Vermandois, de Brie et de Champagne avaient été concédés par Raoul, duc de Bourgogne et roi de France, en reçut en dot la ville de Provins.

Thibault Ier, surnommé le *Tricheur*, à cause des ruses qu'il employa pour s'agrandir, et le *vieil* (il mourut âgé de plus de cent ans), exerça une grande influence dans le royaume, sous le titre de comte Palatin, pendant les règnes de Charles le Simple, de Raoul, de Louis d'Outre-Mer, et de Lothaire. C'est à lui que l'ambitieux Hugues le Grand remit en dépôt son roi, Louis d'*Outre-Mer*, qu'il avait arraché des mains des Normands vers 950, et qu'il retint prisonnier à Provins pendant un an (dans la grosse Tour, dit-on), au lieu de le rendre à la reine et à ses sujets.

A partir de cette époque jusqu'en 1274, c'est-à-dire pendant un intervalle de temps d'environ trois cent trente ans, Provins fut toujours gouverné par des comtes, qui sont divisés en deux races : l'une, de la Maison de Vermandois, éteinte en 1019, par la mort d'Étienne Ier; et l'autre, de la Maison de Blois et de Chartres, qui commença à Eudes Ier et finit à Henri III, dont l'unique héritière, Jeanne de Navarre, épousa, à l'âge de treize ans, en 1284, Philippe le Bel, alors âgé de quinze ans. Cette princesse, devenue reine de France, l'année suivante, conserva, du consentement de son époux, l'administration de ses États particuliers, et prouva, par l'énergie qu'elle montra plus tard, non-seulement dans les conseils du Roi, mais encore dans la guerre qu'elle soutint en personne, en 1297, contre le comte de Bar, qui avait fait une irruption en Champagne, qu'elle méritait, à tous égards, la confiance dont elle fut investie. C'est de Jeanne de Navarre que Mézerai a dit, en faisant allusion à sa beauté, à son éloquence et à ses sentimens généreux, qu'*elle tenait tout le monde enchaîné par les yeux, par les oreilles et par le cœur*.

Provins, jusqu'à la fin du IXe siècle, ne comprenait que la ville haute, où figuraient, à côté des fortifications certainement élevées alors, plusieurs édifices du moyen âge, dont les fondateurs sont inconnus; tels que l'ancien palais des comtes, devenu plus tard l'Hôtel-de-Ville, et dont il ne reste plus que des débris dans les tours dites *aux Anglais* et de *Luxembourg*, et l'église *primitive* de Saint-Quiriace, que Léothoric, mort en 1032, appelait dans une charte : *Ecclesiam ab antiquis retro temporibus fundatam.*

Il n'existait alors, sur l'emplacement occupé aujourd'hui par la ville basse, et au milieu de la forêt de châtaigniers, qu'une chapelle de Saint-Médard, où des moines de saint Benoît, fuyant la persécution des Normands, vinrent enfouir, vers 845, les restes de saint Ayoul, abbé de Lérins, martyrisé en 664; mais l'invention des reliques de ce saint, qui eut lieu en 997, et la mort, en odeur de sainteté, en 1066, de Thibault, fils du comte Arnoul, en attirant à Provins un grand nombre de pélerins et d'étrangers, transformèrent, en peu d'années, cette forêt déserte en une ville très-peuplée. Ce prompt résultat fut particulièrement dû aux soins qu'eurent les comtes régnans à ces époques, de fixer les commerçans étrangers à Provins, par les privilèges qu'ils accordèrent au commerce de cette ville, et par l'autorisation qu'ils donnèrent d'exploiter la forêt de châtaigniers, qui se convertit ainsi en constructions, dont plusieurs existent encore, malgré les ravages du temps et les incendies, qui, à diverses reprises, et notamment en 1188, consumèrent une grande partie de cette ville.

Provins dut à ses premiers princes divers monumens qui, pour la plupart, n'existent plus que dans le souvenir; tels que l'église de Saint-Pierre et de Saint-Firmin, gage de la piété d'Alix de Crespy; celle de Saint-Thibault, élevée en 1080, peu après la canonisation du saint dont elle porte le nom; celle de Saint-Ayoul, dont le prieuré fut fondé en 1048; l'Hôtel-Dieu actuel, autrefois hôtel des comtesses de Blois; le couvent de Saint-Jacques, qui était primitivement l'hôpital des pélerins; et particulièrement la reconstruction en pierre, en 1160, par les soins d'Henri *le Libéral*, de l'église de Saint-Quiriace, avec le dôme et la statue colossale de sainte Hélène, qui s'écroulèrent dans l'incendie de 1662. Cette dernière perte fut d'autant plus sensible, qu'elle ne put être complétement réparée alors, faute de fonds suffisans, et qu'en reconstruisant ce dôme en bois, tel qu'il existe aujourd'hui, à une élévation moindre de trente pieds, et sans la statue de sainte Hélène, on enleva un de ses principaux caractères à cette belle église, qui avait été mise sous l'invocation de saint Quiriace (évêque de Jérusalem, qui aida sainte Hélène à retrouver la vraie Croix), en considération de l'analogie que tous les croisés, à leur retour de la Palestine, trouvaient entre Provins et la ville Sainte.

En s'illustrant ainsi par la création de divers monumens, successivement élevés, les premiers comtes ne firent que préluder aux embellissemens bien plus réels que le seul Thibault IV, dit *le Posthume*, ou *le Faiseur de Chansons*, prodigua à la ville de Provins pendant son règne de cinquante-trois ans. C'est à lui qu'elle fut redevable de la construction des murailles et du creusement des fossés qui entourent la ville basse et la joignent à la ville haute, travaux que des lettres de Philippe-Auguste, de 1213, lui interdisaient de faire, sans son consentement, avant qu'il eût atteint l'âge de vingt et un ans. Entre autres monumens et fondations aujourd'hui anéantis par la succession des siècles, et plutôt encore par le volcan révolutionnaire, il bâtit le nouveau palais des comtes sur l'emplacement où est aujourd'hui le collége, convertit la chapelle de Saint-Laurent-des-Ponts en une église, où il déposa un morceau de la vraie Croix qu'il avait apporté de la terre Sainte, ce qui fit donner le nom de Sainte-Croix à cette église, agrandie encore et embellie dans le XVe siècle aux frais des paroissiens, et fit élever sur la colline, en face de son palais, d'après le plan que sainte Catherine lui indiqua avec une épée, dans un songe, le vaste couvent des dames Cordelières, aujourd'hui l'Hôpital général des vieillards et des enfans pauvres.

La ville de Provins lui doit en outre les belles roses qu'on y cultive, sous le double rapport de l'agrément et de l'utilité médicinale. Elles furent envoyées à Thibault par le Grand-Seigneur, qui avait su apprécier ce pélerin armé, à la fois poëte et administrateur, dans son voyage en Palestine.

La passion de ce prince (nommé Thibault VI par quelques historiens) pour la vertueuse Blanche de Castille, mère de saint Louis, est célèbre dans l'histoire; elle alla jusqu'à le déterminer à jouer le rôle de traître, en s'alliant avec le comte de *la Marche*, et autres puissans seigneurs qui excitèrent des troubles pendant la minorité de Louis IX, afin d'être plus à portée d'instruire la régente des moyens et des projets de ses complices.

Blanche, tout en repoussant ses poursuites amoureuses et poétiques, dont la trace est conservée dans les deux volumes de poésies de Thibault IV, que l'évêque de *la Ravalière* fit imprimer en 1742, fut sensible à son dévoûment, et prit les armes en sa faveur, lorsque ses alliés détrompés voulurent le punir de sa trahison ; mais ce fut à ce service qu'elle borna sa reconnaissance ; car plus tard elle mit ses soins à abaisser la Maison de Champagne, dont l'importance, à raison surtout du voisinage de la capitale, pouvait donner de l'ombrage au trône.

Telle était, dit-on, la passion de Thibault, même à cette époque, qu'il se montra moins sensible à cet abaissement qu'aux rigueurs de la reine-mère, rigueurs auxquelles Provins doit peut-être une partie des embellissemens que nous avons énumérés, les disgrâces de cour ayant déterminé les séjours prolongés que Thibault fit dans cette ville, où ce prince troubadour se consola du mauvais succès de ses amours dans l'étude des lettres, dont il fut le protecteur. Les réunions de savans, qui avaient fréquemment lieu dans son palais, formèrent, dit Velly, la première Académie française.

Le règne de Thibault IV, qui établit à Provins un maire et douze échevins, avantage conservé jusqu'en 1433, et qui étendit encore les priviléges accordés à son commerce par ses prédécesseurs fut l'apogée de la célébrité de cette ville. On y compta alors jusqu'à vingt mille feux, plus de trois mille métiers battans, et au moins soixante mille ouvriers, exclusivement occupés à la fabrication des étoffes de laine, dont on faisait un commerce très-étendu dans les foires de Provins, alors en grande réputation.

Cette splendeur fut alimentée à certains égards sous les deux derniers comtes, Thibault V, fils de Thibault IV, qui, suivant la glorieuse mais funeste impulsion de ce temps, quitta le gouvernement de ses États pour aller faire la guerre aux infidèles, et mourut à *Trapani*, en Sicile, en revenant de la terre Sainte, et Henri III, frère de ce dernier, et père de Jeanne de Navarre, qui ne régna que quatre ans, et mourut d'un excès d'embonpoint ; mais elle ne tarda pas à décroître.

Ce serait à tort, selon nous, qu'on attribuerait exclusivement, comme on l'a fait, cette décroissance à la réunion à la couronne, du comté dont Provins faisait partie. Les événemens historiques de cette époque prouvent qu'elle fut le résultat inévitable des guerres étrangères et intestines dont les calamités, ressenties dans toute la France, durent peser plus particulièrement sur Provins, qui était à la fois une place de guerre et une ville de commerce, titres à peu près inconciliables, dans les momens de troubles surtout. D'ailleurs la position avantageuse de cette ville, comme clef de la capitale, la rendant alternativement le point de mire de chaque chef de parti, dans les fluctuations guerrières de ces époques, elle dut se ressentir, plus qu'aucune autre ville des provinces circonvoisines, de l'influence de guerres dont l'objet principal était presque toujours d'occuper ou de garantir Paris.

Le seul événement indépendant de ces calamités générales qui, dès l'époque de l'extinction de la race des comtes ait porté atteinte à la prospérité de Provins, par la privation *temporaire* des priviléges de cette ville, est la sédition populaire qui éclata en 1279, à l'occasion de nouveaux impôts demandés par Jeanne de Navarre, pour pourvoir aux besoins d'argent de son beau-père *Philippe le Hardi*. L'assassinat du maire Guillaume *Pentecôte* et l'incendie de sa maison et de celles de plusieurs échevins (non rebâties depuis), par le peuple dont nous avons pu apprécier les excès en ce genre, en nécessitant des mesures de rigueur de la part du tuteur de Jeanne de Navarre, le comte Edmon que le Roi envoya à Provins avec des troupes, durent nécessairement suspendre le développement de cette prospérité; mais ce qui l'arrêta, en effrayant le commerce et en occasionant la dépopulation des ateliers, ce furent, comme nous l'avons dit, les guerres qui éclatèrent et se succédèrent en France, après l'issue malheureuse de la bataille de Poitiers, et pendant la captivité du roi Jean en Angleterre.

On sait qu'à cette époque, Édouard III, roi d'Angleterre, dans la vue de profiter d'une guerre intestine pour s'emparer de la couronne de France, encouragea les prétentions de Charles le Mauvais, roi de Navarre, qui agissait de concert avec Marcel, évêque de Laon, prévôt des marchands, contre les droits de Charles V, alors dauphin et régent du royaume.

Ce jeune prince à qui l'histoire a donné le nom de *Sage*, qu'il mérita par sa prudence dans les conseils et dans l'administration de son royaume, et par la combinaison des plans guerriers qu'exécuta *Duguesclin*, convoqua à Provins, en 1358, les États de Champagne, dont il reçut des témoignages de dévoûment et de fidélité qui irritèrent d'autant plus le roi de Navarre.

Levant alors le masque, et trop bien secondé par les troupes d'Édouard,

Charles le Mauvais entra en campagne, dévasta les provinces fidèles, et menaça Provins, qu'on espéra garantir d'attaques trop directes, en démolissant, par ordre du régent, plusieurs faubourgs considérables qui contenaient des monumens remarquables, tels que la belle église et le cloître de Notre-Dame-du-Val, au faubourg de Fontenai-Saint-Brice [1].

En 1359, Édouard assiégea Provins en personne, mais il fut contraint de se retirer en voyant la bonne contenance de cette ville et le peu de cas que fit de ses affreuses menaces son gouverneur, Simon de *Joy*, d'autres disent de *Jouy*, et je préfère ce nom qui, se rapportant à ceux d'une porte et d'une rue de la ville haute, prouverait qu'on honora dignement le courage et la loyauté de ce gouverneur.

Le traité de Bretigny en 1361, présageait du repos à ces provinces dévastées, lorsque le génie du mal réveilla la soif de la vengeance dans l'âme cruelle du roi de Navarre, qui reprit les armes et réussit à ranger parmi ses conquêtes, la ville de Provins dont il s'empara en 1378, au moyen d'intelligences qu'il s'y était ménagées auprès de Guillaume de Mortery, alors gouverneur, qui, plus tard, paya de sa tête sa trahison.

Bientôt assiégés dans cette ville par le duc de Berri, frère de Charles V, les Navarrois ne purent résister à l'impétuosité de son attaque. Effrayés de l'effet de ses machines de guerre, qui avaient déjà pratiqué deux brèches, l'une du côté de Saint-Jacques, l'autre à peu de distance de la tour *Fénéron*, ils demandèrent à capituler et se retirèrent.

A un intervalle de repos de plus de 40 ans, succédèrent, pour Provins, de nouvelles angoisses plus cruelles encore.

Il fut d'abord occupé militairement en 1417, par Philippe, duc de Bourgogne, qui s'en empara, ainsi que de plusieurs autres villes voisines de Paris, pour déjouer les projets d'*Isabeau de Bavière*, qui, irritée contre son fils, héritier présomptif de la couronne, et depuis Charles VII, prit le parti du roi d'Angleterre, pour faire régner sa fille, épouse de ce roi; mais cette occupation, dans un but honorable, fut suivie quelques années après, en 1430 (un

[1] Si l'on en croit quelques historiens qui font un récit affreux de la mort de Charles le Mauvais, brûlé presque vif, par accident, dans un drap imbibé d'esprit de vin, dont il s'était fait envelopper pour raviver ses forces usées par la débauche, les Provinois n'ont été que trop vengés du mal que ce prince leur a fait éprouver sous plusieurs rapports.

an après la levée du siége d'Orléans, par l'influence miraculeuse de Jeanne d'Arc), d'un siége dans lequel les Anglais s'emparèrent de Provins, où ils ne séjournèrent que deux mois. Le commandeur Nicolas de Giresme, grand-prieur de France, et Denis de Chailly, bailli de Maux, animés par un zèle héroïque, levèrent des troupes, reprirent la ville par escalade, et firent décapiter la garnison composée de cinq cents Anglais, dont les têtes ont été retrouvées, il y a 150 ans, dans le jardin de l'abbé d'Aligre.

Cette glorieuse expédition dont Charles VII loua les Provinois, dans un séjour de trois jours qu'il fit à Provins à cette époque, attira sur cette ville de terribles représailles de la part des Anglais, qui parvinrent à y entrer par ruse, et au moyen d'intelligences intérieures, en 1432, en escaladant les murs au-dessus de la porte *au Pain*. Maîtres de la ville, ils s'y livrèrent aux plus affreux excès; rançonnèrent et traitèrent en esclaves tous les habitans, dont douze furent massacrés dans l'église de Saint-Ayoul.

C'est de cette époque que date la construction connue sous le nom de *Pâté des Anglais*, qui existe au bas de la Grosse Tour, et dont l'objet était de fortifier encore, en l'isolant, cette tour qui pouvait servir de dernier retranchement en cas de siége ou d'émeute. Thomas Guerard, gouverneur pour les Anglais, fit abattre, pour atteindre son but, un grand nombre de maisons qui avoisinaient la tour; et, pour subvenir aux frais de tous ces travaux, il leva une contribution de 2,000 fr. qu'il eut à peine le temps de recevoir, ayant été attaqué dès l'année 1433, par les mêmes Nicolas de Giresme et Denis de Chailly, qui prirent d'assaut cette forteresse, malgré sa double enceinte à peine terminée alors.

Il y a loin sans doute de ces guerres meurtrières et dévastatrices, suscitées par la rivalité ou par la convoitise de l'étranger, à celles dont Provins fut de nouveau le théâtre pendant la Ligue, d'abord en 1550, par l'attaque du prince de Condé, chef des Huguenots qui se vit forcé d'en lever le siége, et ensuite en 1590 et 1592, par les deux siéges, que, par son obstination à demeurer et à rentrer dans le parti de Mayenne, elle contraignit Henri IV, qui s'en empara chaque fois, à lui faire subir. Cependant, tels sont les désastres qu'entraînent toujours les guerres, même les moins acharnées, qu'on voit par les pièces à l'appui de la dernière capitulation du 4 septembre 1692 que *la ruine de la ville, à la suite de tant d'assauts et de vexations avait été complète; que de* 1500 *chefs de famille qu'il y avait à Provins avant les troubles, il n'en était pas resté 500, et que la moitié des maisons furent vides, tant par mort, que par émigration, à cause des dettes énormes dont la ville était encore chargée.*

Comment s'étonner qu'une série semblable d'événemens fâcheux et de malheurs occasionés par les guerres et par les dissentions civiles, ait réduit à l'état où nous la voyons une ville jadis florissante, mais qui devait toute sa splendeur à son commerce et aux monumens des arts qu'elle renfermait, et dont un des plus marquans, le bel édifice de la Bibliothèque, autrefois l'Arsenal, construit sous François Ier, n'échappa aux ravages du temps et du vandalisme que pour devenir la proie des flammes en janvier 1821! Ce n'est qu'au sein de la paix et à l'abri des assauts et des occupations militaires, que le commerce peut fleurir, et les arts et les monumens rester en honneur. Sous ce rapport, la position importante de Provins et ses remparts susceptibles d'offrir quelque résistance, lui ont été sans doute plus nuisibles qu'utiles.

La participation de Provins aux guerres de la Ligue ayant, comme nous l'avons dit, complété sa ruine, cette ville n'a compté en France dans les deux derniers siècles que comme ville du quatrième ordre, remarquable seulement par le nombre, relativement très-considérable, de ses églises et de ses congrégations religieuses où quelques prélats distingués, tels que M. d'Aligre, abbé de Saint-Jacques, le Prieur Guignace, etc, se signalèrent par des vertus philantropiques et par des fondations utiles.

La révolution, en abolissant les ordres religieux et en livrant les monastères et leurs dépendances au dernier ou au plus audacieux enchérisseur, a converti l'aspect encore assez imposant alors de la ville haute en un spectacle de ruines et de décombres, et l'état de langueur de Provins en général en une nullité absolue, du moins sous le rapport commercial, depuis surtout l'abandon du canal commencé et qui devait faire participer cette ville aux avantages de la navigation de la Seine.

Cette nullité, dont plusieurs de ses citoyens, animés en général d'un zèle louable pour leur ville et d'une disposition favorable pour les artistes [1], ont

[1] Témoins le nom de la rue des Beaux-Arts, donné à celle où demeura l'habile et fécond dessinateur Moreau jeune, beau-père et aïeul maternel des non moins célèbres artistes MM. Carle et Horace Vernet, qui ont encore des parens à Provins, et l'accueil amical fait par les habitans aux artistes qui publient ce petit ouvrage.

cherché à la tirer, en célébrant ses roses aussi belles qu'utiles, ses richesses lithologiques et minéralogiques et ses antiquités d'une époque *quelconque*, eût été bien plus complète encore sans la réputation justement acquise à ses eaux minérales ferrugineuses découvertes en 1651. Leur effet salutaire qui leur a valu le joli *monument de reconnaissance* élevé en 1805, par M. M** attire chaque année à Provins un certain nombre d'étrangers, qui se livrent à l'exercice *recommandé*, pour déterminer le bon effet des eaux, en parcourant les magnifiques promenades qui ceignent la ville basse et les remparts bien autrement remarquables de la ville haute. Ce sont en effet les seuls agrémens qu'on puisse trouver à Provins *au premier aspect*, la ville basse étant en général mal construite et l'intérieur de la ville haute ne produisant que l'effet d'un chétif village occupé en grande partie par des vignerons qui trouvent les prisons des Gaulois, ou plutôt les granges et celliers des comtes et des monastères fort commodes pour serrer leurs récoltes.

C'est parce qu'à l'occasion d'un semblable voyage où nos yeux furent d'abord frappés de l'aspect pittoresque de ces ruines, nous trouvâmes un surcroît d'attraits dans les souvenirs que ces débris magnifiques réveillent, que nous avons consenti à joindre quelques *esquisses* historiques à celles plus intéressantes des artistes qui nous ont accompagné dans ce voyage.

Satisfait, si la tâche que nous nous étions imposée pour répondre aux desirs des habitans de Provins et que nous avons été forcé de remplir un peu trop à la hâte, ne leur semble pas trop au-dessus de nos forces; il ne nous restera rien à desirer si, nouveau *Jérémie*, en déplorant le sort de cette *Jérusalem* française, nous pouvons contribuer, par ce petit ouvrage, à sauver d'une destruction complète qui semblait inévitable, quelques beaux débris qui paraissent étonnés de n'avoir point encore subi le sort des décombres qui les enfouissent en partie, et à conserver ainsi, à peu de distance de la capitale, des monumens qui, pour être incomplets et en état de ruines, n'en présentent pas moins un double intérêt, tant sous le rapport des souvenirs historiques qu'ils rappellent, que comme documens variés pour l'histoire de l'art.

VUE DE LA VILLE HAUTE,

PRISE DE LA PORTE DE PARIS.

PAR M. DEROY.

Le monument le plus remarquable, le seul même qu'on puisse encore apprécier dans cette vue qui commence Provins dans la direction de Paris, est la tour dénommée indistinctement par divers historiens et par le public, Tour de César, Tour le Roi, Tour de Saint-Quiriace, et Grosse Tour.

C'était autrefois une forteresse garnie d'un donjon et de créneaux, telle qu'elle est peinte dans la voûte de la nef méridionale de l'église Sainte-Croix, avec cette inscription :

Condidit hanc Cæsar, servat me Cæsare major.

Elle est également représentée entière avec la même légende sur les anciens drapeaux aux armes de la ville, dont un, celui de la compagnie des pompiers, est déposé à Saint-Quiriace.

Son donjon et ses créneaux ou embrasures dans lesquels la charpente de la toiture actuelle paraît enclavée, furent détruits en 1554, lorsque François de Beaufort alors maire, *pour conserver,* est-il dit dans les annales de la ville, ce *précieux monument de l'antiquité*, fit réparer et couvrir cette tour.

Sous les comtes, elle servit de prison à plusieurs personnages marquans.

Sans donner pour constante la tradition déjà rappelée et relative à la détention d'une année que Hugues le Grand y aurait fait subir à son roi, *Louis d'Outre-Mer,* en lui donnant Thibault Ier pour geolier, nous pouvons citer parmi les prisonniers de marque qui y furent détenus, *Jean du Cloud*, dont un cachot de cette tour porte encore le nom, et *Jean de Hans*, chevalier, qui y fut fait prisonnier en 1267, sous Thibault V.

PROVINS.

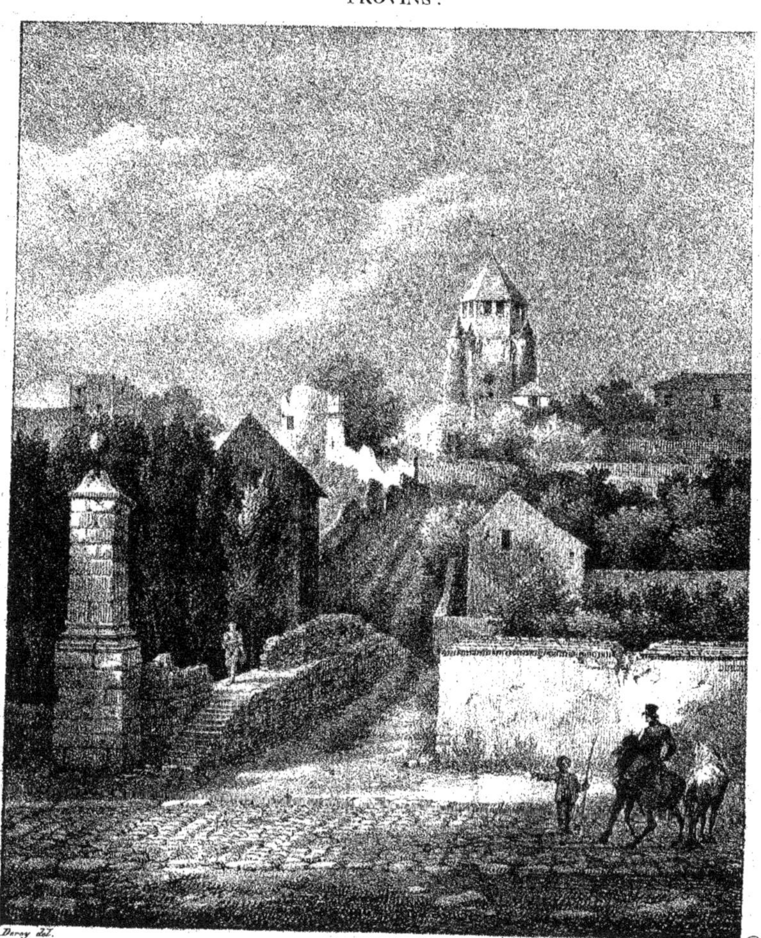

Deroy del.

Litho. de C. Motte

Vüe de la ville haute, prise de la porte de Paris.

Ce ne fut que sous Louis XIV, et par suite de l'écroulement du clocher isolé de Saint-Quiriace, qui eut lieu en 1689, qu'en 1693 cette tour fut accordée par le Roi, non sans quelques difficultés, au chapitre de Saint-Quiriace, pour y placer ses cloches.

De temps immémorial, jusqu'à l'époque de la révolution, beaucoup de fiefs des environs de Provins relevaient de cette tour, dite *Notre Sire le Roi*, ce qui entraînait, pour chaque nouveau possesseur d'un de ces fiefs ou arrière-fiefs, l'obligation de se présenter à la porte de l'ouest de cette tour, avec l'épée et les éperons, pour rendre foi et hommage au Roi.

Assisté d'un notaire et de deux témoins, il s'agenouillait comme vassal, frappait trois coups avec le heurtoir de la porte, demandait au concierge de la tour, qui, étant prévenu d'avance, paraissait sur le parapet, si le Roi était là? et sur sa réponse, *assurément* négative, il faisait dresser procès-verbal de sa soumission.

Ces pratiques, qui paraîtront sans doute bien asservissantes, et bien puériles à la génération naissante, portaient le cachet du temps où elles furent mises en usage, par l'effet d'un aveugle dévoûment pour le Souverain, qui était alors plus qu'un homme. Sans témoigner de regret de leur abandon, effet naturel des changemens que le temps a apportés dans nos mœurs et dans nos allures, convenons que l'humiliation qu'elles entraînaient n'était que *pour la forme*. Ces actes de soumission n'avaient rien de plus *avilissant* pour la dignité humaine, que nos devoirs habituels envers le chef de famille, les formules épistolaires d'humilité et d'obéissance encore consacrées, nos exigeances journalières dans la hiérarchie civile et domestique, dont les derniers degrés sont également occupés par des hommes comme nous, et surtout, pour prendre nos exemples, même chez nos esprits forts, les témoignages de condescendance que nous avons vus tour-à-tour prodiguer à leur maître, et exiger de leurs subordonnés par tant d'ex-apôtres de l'égalité, devenus à la fois, mais sous d'autres noms, grâce à leur flexibilité, des *vassaux* plus *humbles* que les possesseurs de ces fiefs, et des *suzerains* plus exigeans que notre sire le Roi.

Le poëte Regnier appréciait bien les suggestions des diverses conditions sociales, lorsqu'il disait, dans le langage poétique de son temps :

Tous les hommes vivans sont, ici bas, *esclaves;*
Mais, suivant ce qu'ils sont, ils diffèrent d'entraves.

La hauteur de la Grosse Tour, dans son état actuel, est d'environ cent quarante pieds. On peut évaluer son pourtour à cent soixante et dix ou cent quatre-vingts pieds. L'épaisseur des murs, qui varie à raison de leur élévation, à partir du sol, est de douze ou quinze pieds. On y a découvert, il y a peu d'années, un très-beau puits, dont on ignorait l'existence.

La forme extérieure est un carré, dont chaque angle est remplacé par une tourelle réunie à la base, se détachant à une certaine hauteur, en forme de guérite, et rejoignant plus haut la Grosse Tour par une espèce d'arc-boutant.

Il y a dans l'intérieur, indépendamment de plusieurs petits caveaux et cachots pris dans l'épaisseur des murailles et des tourelles, une petite chambre à cheminée, fort claire, au premier étage, et trois grandes salles, de trente pieds de diamètre sur trente-huit ou quarante pieds d'élévation chacune. Ces salles communiquent entre elles par deux escaliers intérieurs, qui aboutissent sur un trottoir régnant au pourtour, et garni de parapets. La salle du rez-de-chaussée, dans laquelle on n'entrait pas du dehors avant qu'on y pratiquât une brèche à coups de marteau, est très-sombre; celle du premier étage, où est l'horloge, contient une vaste cheminée, dont le tuyau se perd dans le mur; et dans la troisième, qui est au-dessus, se trouve suspendue, sur d'énormes charpentes, la seule cloche des six existant dans cette tour au moment de notre régénération politique, qui ait résisté aux valeureuses attaques des exécuteurs des hautes œuvres de la Convention.

Par deux assauts successifs qu'on pourrait comparer, ce qu'on fit sans doute alors, à ceux que les Anglais subirent également à deux reprises, dans cette même tour, de la part de l'intrépide commandeur de Giresme, ces braves, insatiables de gloire et de... profit, non contens d'avoir brisé quatre de ces cloches au mois d'octobre 1793, revinrent à la charge le 13 mars 1798, et, immolant la cinquième aux mânes de leur général, le révérend père *Chabot*, jettèrent par les fenêtres, sauf à en suivre la trace, les débris de cet aveugle instrument du fanatisme.

La cloche actuelle, qui sert principalement à sonner le réveil des ouvriers et le couvre-feu, fonction dont elle s'acquitte très-exactement, grâce au concours de la brave mère *Mathieu*, porte l'inscription suivante, écrite en lettres gothiques :

Mille et quingentis ac undenis simul annis
Virginis a partu ; nunc Quiriaca vocor.
Astra petat sonitus, mœstis solatia prestet,
Ærias sordes arceat, oro, meus,

M. Pasques l'a ainsi traduite librement :

En l'an quinze cent onze ayant été fondue ;
De Quiriace on me donna le nom ;
Je règne dans les airs, et chasse de la nue
Diable, tonnerre et grêle par mon son.

Il s'est élevé de grands débats à Provins au sujet de l'inscription suivante, qu'on suppose avoir été celle de la cloche qui, placée dans le clocher de Saint-Pierre, avait autrefois la même fonction que celle-ci, et qui fut brisée par les ordres du comte Edmon, comme ayant servi à sonner le tocsin lors de la révolte de 1279.

Je m'appelle Guillemette
De mette
Je suis faite,
Pour la guette,
Et sonner la retraite
De Gentico.

Mais ce mot de *Gentico*, cher au peuple provinois, et qui *sonne* à ses oreilles, à peu près comme *agendicum*, ayant servi de preuves à quelques interprétateurs en faveur de l'origine romaine de Provins, nous nous abstiendrons, pour ne pas remuer des cendres encore chaudes, d'entamer aucune dissertation sur les *énormes* conséquences qu'on pourrait tirer de cette tradition.

Le tertre muré, qui paraît servir de base ou de socle à cette tour, est ce qu'on nomme le *Pâté aux Anglais,* construit par eux en 1432, comme nous l'avons dit plus haut, avec l'argent des habitans de Provins.

Le mur qui entoure ce tertre, quoique d'une construction postérieure de bon nombre de siècles à celle de la tour, n'a pas la même solidité, il se crevasse de toutes parts, par l'effet de l'infiltration des eaux.

Deux tourelles en ruines qu'on aperçoit à la gauche de la Grosse Tour ; et dont l'une, de forme carrée, se nomme le *Pinacle*, ou *Tour aux Anglais*, et l'autre, de forme ronde, la *Tour du Luxembourg*, faisaient partie du premier palais des Comtes, devenu l'Hôtel-de-Ville, lorsque Thibault IV construisit le nouveau palais sur l'emplacement occupé aujourd'hui par le collége.

Le petit bâtiment carré, qui se trouve au bas de la côte, attenant le mur de prolongement qui aboutit de la ville haute à la porte de Paris, était autrefois la maison du bourreau que, par un sentiment de convenance assez remarquable, la ville logeait hors de son sein. Une fontaine abondante, qui existe aujourd'hui, en forme de lavoir, au milieu des arbres qu'on remarque dans le bas, s'appelle encore la *Fontaine du Bourreau*.

Il y avait, en outre, à peu près dans le rayon de la Vue que nous décrivons, deux autres constructions assez remarquables, qui ne présentent plus aucun aspect qu'on ait pu reproduire dans cette Vue.

L'une, située au haut du petit mur dont nous avons parlé, était une tour de belle forme, diversement désignée sous le nom de *Tour de Gannes*, sans doute du nom d'un de ses anciens gouverneurs ; de *Tour à signaux*, comme ayant servi à la transmission des nouvelles, au moyen de grands feux qu'on allumait sur son sommet, ce qui formait un télégraphe nocturne bien lumineux, sans doute, mais aussi bien concis dans ses expressions ; et de *Tour des Maréchaux*, parce qu'elle servait de résidence au maréchal de Champagne lors de son séjour à Provins. Cette tour, dont on n'aperçoit plus que la base, fut démolie en 1720, par ordre du régent, pour l'exécution d'un plan qui est resté en projet.

L'autre construction, nommée la *Porte Hadois* (ou *Houdois*), joignait presque la grosse tour au petit mur dont il est question. Sa démolition remonte au moins à 1666, puisqu'en cette année on employa les matériaux de cette porte à la construction de l'arche de la porte du Buat.

De l'autre côté du pavé, derrière le spectateur, commencent les belles promenades qui enveloppent la ville basse ; et, venant ensuite rejoindre les boulevards de la ville haute, contribuent à décrire autour de Provins, un cercle de plus d'une lieue d'étendue, magnifiquement boisé, et de chaque point duquel l'œil découvre des aspects pittoresques très-variés.

oooooooooooooo

PROVINS.

Vue du petit portail de Sainte-Croix

VUE

DU PETIT PORTAIL DE L'ÉGLISE SAINTE-CROIX.

PAR M. RENOUX.

D'APRÈS les traditions, le portail dont il s'agit, et une partie de la nef qui existe dans cette direction, auraient appartenu à une ancienne chapelle, dite de *Saint-Laurent-des-Ponts*, dépendant de l'ordre de Saint-Benoît, et devenue, depuis 1179, paroisse de la ville. Thibault IV, qui se croisa en 1239, voulant, à son retour de la terre Sainte, partager un morceau de la vraie Croix, entre cette chapelle et l'église des Cordeliers, aurait, par des travaux, bien augmentés depuis, converti la chapelle Saint-Laurent en une église dénommée Sainte-Croix.

Nous devons dire en même temps que plusieurs personnes contestent à Thibault IV, né en 1201, la fondation de cette église qui, selon eux, serait désignée sous le nom de chapelle et de prieuré de Sainte-Croix dans des titres remontant à 1153, 1193 et 1198.

Dans ce conflit d'opinions, nous aurions pu chercher à fonder et à motiver notre opinion personnelle sur des considérations puisées dans l'histoire de l'art; mais l'aridité de la matière pour la plupart des lecteurs, et la crainte d'être soupçonné de prétentions, que nous serions hors d'état de justifier, nous a déterminé à supprimer notre dissertation systématique et technique.

Nous nous arrêterons plus volontiers ici à ceux des travaux de cette église, qui ont été exécutés dans le XVe siècle, par suite d'un incendie qui consuma en 1309 la partie *consumable* de cet édifice.

Ces travaux, dont l'époque est incontestable, la date (1538) étant gravée sur un des éperons du midi, durèrent depuis l'année 1519 jusqu'à 1581, et furent exécutés aux frais des paroissiens [1].

Les vitraux, qui sont tous du beau siècle, portent également leur date de 1534, 1561, etc., etc. Ils sont en général bien conservés et assez remarquables, surtout les grisailles du cul-de-lampe qui représentent l'histoire de saint Denis peinte avec goût et suavité.

Parmi les compositions bizarres où l'imagination ardente des peintres de ce temps prenait son essor, on distingue les deux paneaux de la chapelle Saint-Roch, portant la date de 1561, et représentant : l'un, l'arche de Noë, avec ses divers habitans cosmopolites, et l'autre la salutation angélique, où la Vierge, placée près d'un lit élégant, reçoit l'hommage de l'ange Gabriel, tandis que saint Joseph, endormi sur une chaise, paraît occupé d'une autre apparition.

On lisait, il y a peu de temps encore dans la chapelle Saint-Michel, l'inscription suivante, relative à ces vitraux qui furent placés sous le *pastorat* du père Jehan Barrier, confesseur du duc de Guise, et alors curé de Sainte-Croix.

« Les marchands merciers et épiciers de la ville de Provins, *ont baillé* » *cette verrière* en l'honneur de Dieu et de *monsieur* saint Michel. Priez » Dieu pour ceux qui y contribue. »

Les voûtes lambrissées de cette église, sur laquelle nous aurons peut-être occasion de revenir dans la troisième livraison, sont chargées de figures peintes, d'écussons et de devises relatant des circonstances historiques particulières à la ville. De ce nombre est le médaillon qui représente la Tour de César, avec l'inscription rapportée.

En 1714 le sol de cette église qui était bas et humide fut rehaussé, ce qui

[1] On a conservé sur les registres de la paroisse Sainte-Croix, l'indication des frais que ces travaux occasionèrent. Les dépenses sont énormes pour le temps ; mais elles ne paraîtraient pas telles à qui ne considérerait pas l'extrême rareté du numéraire à ces époques, et le taux peu élevé du marc d'argent, qui, de 14 sous 6 deniers qu'il valait sous Charlemagne, s'était élevé, en 1500, à 11 livres, en 1550, à 15 livres, et vaut aujourd'hui plus de 50 livres.

Les journées d'ouvriers, lors de ces travaux, étaient de 2 sols ; celle du tailleur de pierre, de 4 sols, et ainsi de suite. La pinte de vin valait 6 deniers, un œuf 1 denier, etc., etc. Il est en outre spécifié sur le même registre, que M. l'archidiacre recevait pour sa visite deux tartes et trois pintes de vin.

motive l'enfouissement d'une partie des piliers, principalement dans la nef qui fait face au Petit Portail.

Cette église fut, comme tant d'autres, profanée par des saturnales révolutionnaires, sous le règne si *déraisonnable* de la déesse *raison*, qui fut représentée dans ce temple par une statue de sainte Marguerite, tirée du couvent des Cordeliers, et placée sur le maître-autel ; tandis que le tableau de l'Invention de la Croix qu'on voit encore, servait au placardage des *droits de l'homme*, droits dont les héros du jour abusèrent outre mesure, en fouillant et en dévalisant les tombeaux de la même église, convertie alors en un atelier de salpêtre, et en y creusant un puits à travers les ossemens de leurs pères ou de leurs bienfaiteurs.

L'état d'entretien actuel de cette église ne laisse rien à desirer, à cela près du badigeon qu'il nous est impossible d'admirer; ce qui tient peut-être à ce que *nous ne sommes pas de la paroisse*.

VUE

DU BATIMENT DES EAUX MINÉRALES.

PAR M. XAVIER LEPRINCE.

La découverte des eaux minérales de Provins date de l'année 1648. Elle est due au docteur Prevost, qui exerçait la médecine dans cette ville. Dès l'année 1654, le docteur Le Givre publia, à ce sujet, une dissertation latine encore très-estimée. M. Opoix, alors inspecteur-général de cet établissement, qui est aujourd'hui sous la surveillance d'un jeune docteur très-recommandable, M. Naudot, a fait imprimer un Traité complet sur la propriété et la vertu de ces Eaux ferrugineuses, acidules froides (Alibert), dans les affections de l'estomac, les obstructions, l'hypocondrie, et autres infirmités que nous nous garderons bien de spécifier ici, pour ne pas encourir le reproche d'abandonner le domaine des arts pour celui de M. Purgon.

Nous nous contenterons de citer comme témoignages de leurs effets salutaires, non-seulement les rapports des médecins très-instruits qui en dirigent l'usage sur les lieux mêmes, et aux yeux desquels il ne serait pas étonnant, que ce fût une panacée universelle, mais, ce qui vaut mieux, les éloges des nombreux habitués, qui, après y avoir noyé la maladie et puisé la santé, viennent les prendre chaque printemps, comme préservatif d'une rechute, ou pour y retrouver l'appétit compromis par les habitudes mondaines de l'hiver.

C'est à un de ces malades reconnaissans que la ville doit le joli bâtiment, semi-circulaire, qui, sans ajouter à la vertu des eaux, offre du moins la garantie de leurs pureté; le puits qu'il renferme se trouvant à l'abri des injures de l'air et des hommes.

Long-temps cette source bienfaisante n'a vu le jour qu'à travers un trou profond, espèce de puisard exposé aux éboulemens, et dont les enfans et

PROVINS.

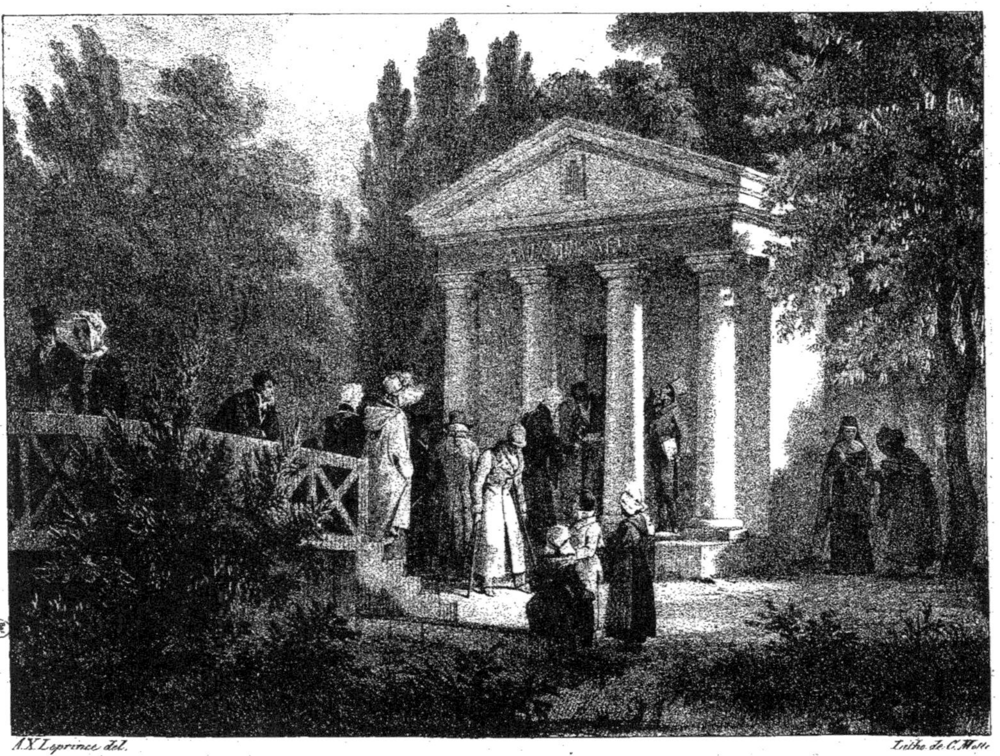

A.X. Leprince del. Lithe de C. Motte

Vüe du Bâtiment des Eaux minérales.

d'autres citoyens, au moins insoucians, faisaient un *stercorium*, au mépris des recommandations de l'autorité civile et du clergé, publiées chaque semaine, par la voie du tambour de ville et des prônes.

On s'était enfin décidé à obvier à quelques-uns de ces inconvéniens, par la construction d'un puits, à peu près fermé, lorsqu'en 1805, M. M*** abandonné, pour ainsi dire, des médecins de la capitale, qu'il abandonna à son tour, ayant trouvé dans ces Eaux, une guérison presque miraculeuse, profita d'une occasion qui lui fut indiquée par M. Opoix, d'éterniser sa reconnaissance; il fit construire, à ses frais, sur les dessins de M. Moreau jeune, alors habitant de Provins, en utilisant quelques-unes des colonnes du cloître de Saint-Jacques en démolition, ce petit temple tétrastyle d'une forme élégante, fondation pour le coup *toute romaine,* nonobstant l'ordre toscan, en ce que son origine rappelle celle du temple de la déesse *Santé*, au mont Quirinal, et de tant d'autres *ex voto* fondés en l'honneur d'Esculape et de sa fille Hygiée, par divers empereurs échappés à de graves maladies.

La ville ne demeura pas en reste avec M. M***, ainsi que le prouve l'inscription également *romaine* :

Munificentia civis Graii ob sanitatem mire additam,

qu'on fit graver sur la frise occidentale de ce temple, et qui peut-être eût été mieux placée sur le péristile, que celle-ci :

Mille mali species nimpha levabit aqua.

qui n'est qu'une espèce d'enseigne où il entre au moins de l'exagération.

Plusieurs autres inscriptions, qu'il est inutile de transcrire ici, sont gravées sur ce temple.

Au moment de la prise des Eaux, dont la fontaine s'ouvre chaque matin, pendant deux saisons, les abords et le parvis de ce temple offrent un coup-d'œil très-récréatif à l'observateur étranger au culte qu'on y rend à Hygiée.

Ici, ce sont des buveurs qui, aussi scrupuleux que M. Argant, sur l'observation du régime et des ordonnances, parcourent les promenades avec une vélocité qui ne leur est pas ordinaire, et qui sied mal à leur allure, pour hâter la précipitation de ce liquide assez pesant; là, des jeunes gens pleins de santé viennent, *en amateurs*, goûter bravement les Eaux pour avoir l'occasion d'en étudier l'effet sur les jeunes demoiselles qui les intéressent, et à qui la médecine en prescrit particulièrement l'usage; plus loin, des mamans cherchent des lieux écartés, pour y conduire leurs filles, chez qui un louable sentiment de bienséance lutte contre la loi de la nécessité très-impérieuse alors. C'est là aussi qu'on peut juger des divers effets de l'éducation, en voyant les jeunes enfans orphelins (hélas depuis leur enfance), dont l'hospice domine ce temple, dirigés par des *sœurs* qui n'exercent à leur égard qu'une autorité secondaire, avaler sans démonstration de répugnance, ce breuvage d'une saveur ocreuse, tandis que l'enfant du riche, conduit par ses parens, se fait promettre des récompenses pour en *goûter*, et prend pour arrhes, le pain d'épices et le sucre d'orge qui emmiellent les bords du vase.

Succhi amari, in tanto ei beve
E d'ell' inganno vita riceve.

Pour suppléer à l'insuffisance de cet article, sous le rapport médical, nous engageons à recourir au Traité de l'infatigable M. Opoix, qui, en sa double qualité de chimiste et de minéralogiste, se trouvait là sur un meilleur terrain que celui des hypothèses mêmes raisonnables. C'est ce qui a fait dire à un plaisant dont, par égard comme par goût, nous ne rappellerions pas les jeux de mots s'ils n'étaient à l'avantage de ce savant, « qu'il avait *coulé son sujet à fond et tiré la vérité du puits*, sans éprouver les *déboires* peu mérités que ses dissertations *archéologiques* lui ont attirés.

PROVINS.

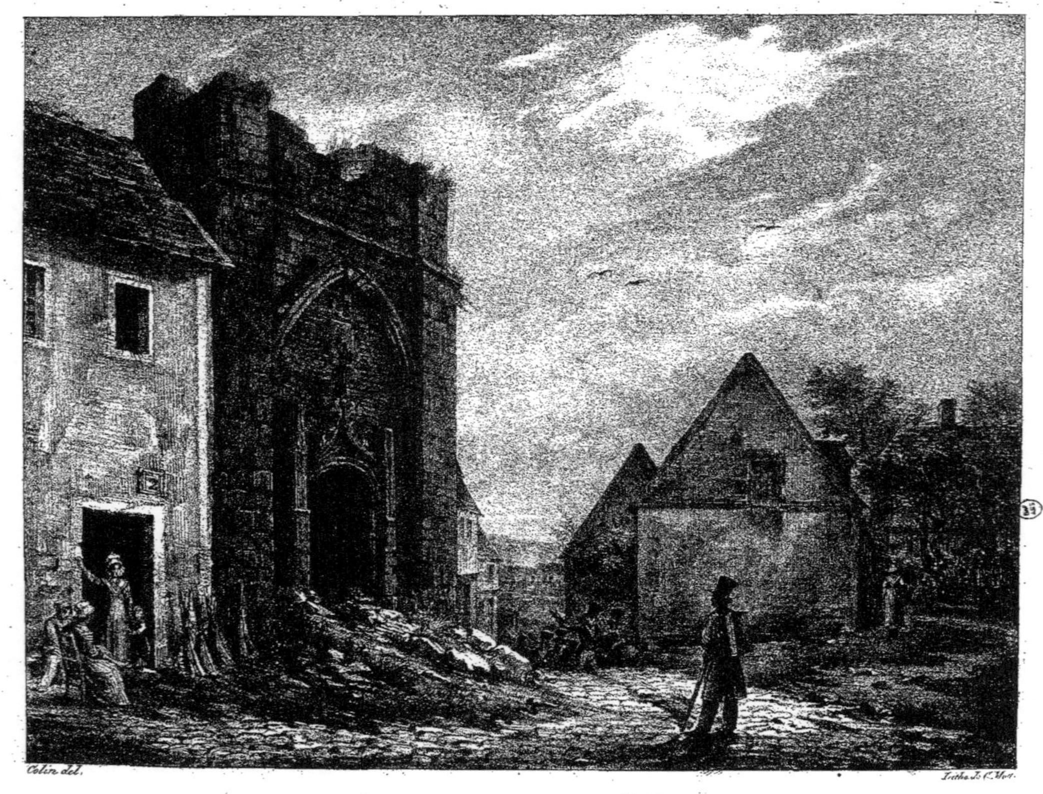

Colin del. Litho. de C. Motte.

Vue des ruines de l'église de St. Thibault.

VUE
DES RUINES DE L'EGLISE SAINT-THIBAULT.

PAR M. COLIN.

L'AUSTÉRITÉ des mœurs et les hautes vertus très-recommandables dans les conditions ordinaires de la société, le sont bien plus encore sans doute dans les rangs élevés où le prestige des grandeurs et l'attrait si doux des séductions de diverse nature, sont bien faits pour détourner de la ligne des devoirs stricts.

C'est sous ce dernier rapport que la vie exemplaire et la mort en odeur de sainteté d'Alexandre III, fils du comte Arnoult et de la comtesse Gizelle, fille de Raimond, comte de Sens, contribuèrent si efficacement, avec l'invention des reliques de Saint-Ayoul, à appeler sur Provins l'attention religieuse des pélerins, et jettèrent ainsi, au moyen du concours d'étrangers qui dès-lors se fixèrent dans cette ville, les bases de la fondation rapide et de la prospérité long-temps prolongée de la ville basse.

Né en 1017, dans la maison nommée depuis *des Orphelines*, et qui est située un peu au-dessous de l'église dont nous décrivons les *ruines*, Alexandre, destiné par sa naissance au métier des armes, fut fait chevalier à l'âge de 17 ans, et suivit avec ce titre son parrain Thibault II au siége d'Épernay.

Bientôt après «éclairé» pour me servir des expressions dé M. Ruffier «des lumières de la grâce pour combattre d'autres ennemis, la chair, le de-«mon et le monde», il se voua entièrement à une vie austère et religieuse. A son retour d'un pélerinage à la terre Sainte, il demeura long-temps en Italie, parcourut ce pays comme ermite et comme mendiant, et se fixa long-temps dans une forêt des environs de Vicence, où il exerça le métier de charbonnier. C'est à ce titre qu'il est devenu le patron de cette classe d'ouvriers.

Il paraît qu'après avoir passé par ces épreuves d'humilité laborieuse, il reçut les ordres de l'évêque de Vicence et revint à Provins, où il passa neuf années en pénitence dans une petite résidence composée d'une cellule et d'un oratoire qu'il avait fait construire au faubourg de l'*Orme*, aujourd'hui du *Haut Pavé*. Il y mourut en juin 1066. Son corps réclamé sans doute par ses parens du côté maternel, fut transféré près d'Auxerre dans une chapelle qui se nomme encore *Saint-Thibault-des-Bois*.

Après sa canonisation déterminée par la certitude de sa vie exemplaire et, dit-on, par les miracles qui se seraient opérés par son influence avant et depuis sa mort, Thibault, comte de Blois, son proche parent, lui fit bâtir, vers 1080, cette église qui n'était qu'une grande chapelle, et dans laquelle une portion des reliques de ce saint, obtenue de l'abbé de Saint-Germain-d'Auxerre, ne fut apportée qu'en 1581. Il y a lieu de croire que cette église, dont la construction ne remontait alors qu'à environ 300 ans, donna lieu à cette époque à de nouveaux travaux, car le pape Clément VII accorda des indulgences à ceux qui contribueraient à sa reconstruction.

Parmi les rites ecclésiastiques particuliers à la célébration de ce saint, on doit remarquer la danse dite *de Saint-Thibault*, qui se faisait le 1er juillet de chaque année, depuis l'église dont il s'agit jusqu'au Palais des Comtes. On lit dans le Journal de Lecourt, qu'en 1660, M. Passeret, alors maire, fit les frais de cette cérémonie et distribua aux garçons et filles qui *avaient figure*, du pain, des cerises et une tarte. Cette cérémonie pouvait aller de pair avec la danse qui s'exécutait dans le même temps, la veille de la nativité de la Vierge, entre le vicaire perpétuel de Saint-Quiriace et une des filles de la paroisse, à qui il adressait d'abord en français l'antienne de la Vierge : *Ave regina.*

Elles ont été l'une et l'autre supprimées dans le XVIe siècle; la première vers 1670, la dernière dès 1610.

Nous aurions cité en faveur de Provins, *Agendicum*, les mots ci-après qu'on trouve dans l'office de ce saint :

Sanctus Theobaldus castro agendico, alias Provino genitus,

si nous n'avions trouvé dans l'ouvrage de M. Pasques, que cet office ne datait que de 1730.

L'église de Saint-Thibault avait un revenu tout particulier, composé du produit des fers de chevaux, que vouaient à saint Thibault les rouliers qui parvenaient à gravir sans encombre la montagne escarpée, au haut de laquelle son église était placée. A cette époque, antérieure à la construction du Pont-au-Poisson, la grande route passait par la ville haute.

Ce saint était représenté vêtu d'habits sacerdotaux, au portail méridional de son église, dont le frontispice était chargé d'une grande quantité de figures, et en costume de chevalier, au portail oriental.

Son image était en outre reproduite dans l'intérieur par une peinture à fresque, qui ne datait que du mois de *jouing* 1531, et dans laquelle ce saint était placé sur un cheval blanc, ayant un habit rouge, une toque bleue, l'épée au côté, et tenant un oiseau (sans doute un faucon) sur le poing.

Parmi les décombres qui obstruent de toutes parts les abords des ruines de cette chapelle, d'où est tirée la petite statue que nous placerons sous la couverture de la deuxième livraison, nous avons trouvé des débris de sculpture d'assez bon goût, et même des fragmens que nous supposons provenir de la peinture à fresque ci-dessus décrite. Deux chapiteaux tirés de cette carrière aérienne, et que nous avons acquis, sont d'une composition et d'un travail remarquables surtout pour l'époque qu'on assigne à la construction de cette église.

VUE

DE LA GRANGE DES DIMES,

PARTIE SUPÉRIEURE.

PAR M. LÉOPOLD LEPRINCE.

IL n'est fait, à notre connaissance du moins, aucune mention spéciale de ce monument dans les nombreux manuscrits, fruits des élucubrations vraiment patriotiques de plusieurs Provinois qui ont consacré leurs soins et leurs veilles à des recherches sur Provins, tels que MM. Ruffier, Rivot, Michelin, Ithier, etc. Il paraît qu'il n'existe également aucun renseignement sur sa fondation et sur sa destination dans l'histoire manuscrite de M. Pasques, qui doit être très-complète, fort intéressante, et qui plus est, assez piquante, à en juger par les fragmens publiés dans les *Annales de la Société d'Agriculture de Provins*, comme par les détails que son auteur a bien voulu nous communiquer.

Ce bâtiment est cependant très-remarquable par sa construction, à la fois élégante et solide, et par sa division en deux parties égales : l'une, souterraine, et l'autre partant du niveau du sol.

A défaut d'indications locales, nous avons cherché, mais vainement, à nous rendre compte de l'origine présumable du nom de *Fort Cadas*, que plusieurs personnes donnent à cet édifice, dénomination que rien ne justifie à nos yeux. Un *fort* suppose une construction isolée, qui puisse offrir des moyens de résistance, au moins contre une surprise; et l'édifice dont il s'agit, situé dans une rue, au milieu de la ville haute, n'est pas plus à l'abri d'une attaque, même de voleurs; que ne l'étaient les nombreuses maisons en pierre

PROVINS.

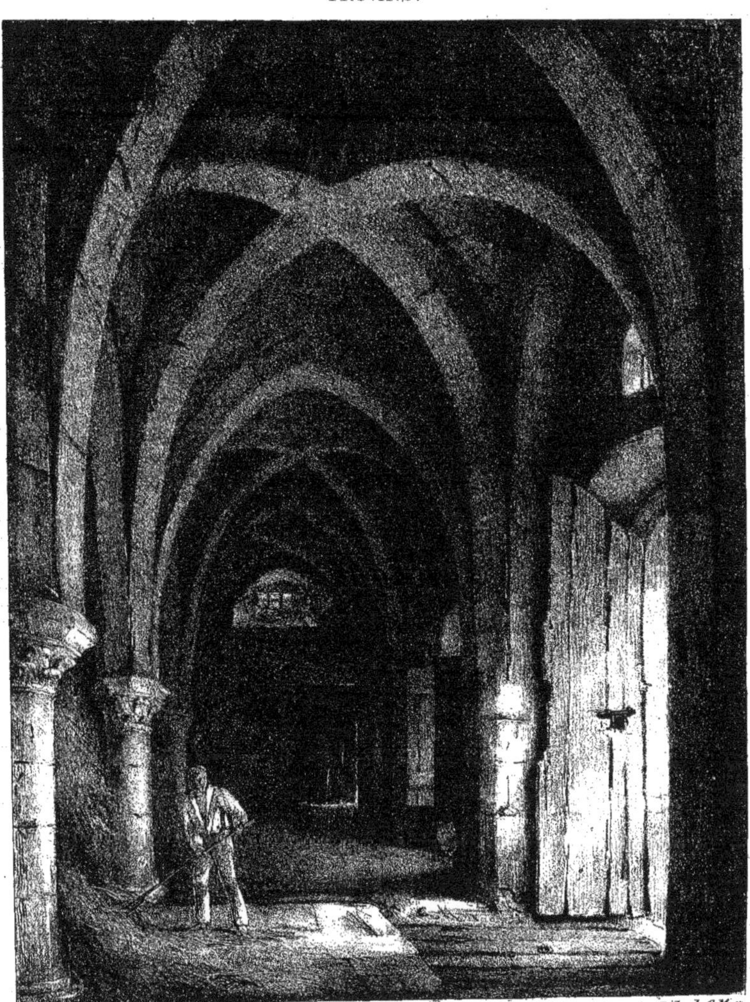

R. Léopold Leprince del. Litho. de C. Motte

Vüe de la grange des dîmes, (partie supérieure.)

construites évidemment à la même époque, et dont il reste encore des débris dans la ville haute.

Réduit à des suppositions, nous flottons incertain entre ces deux opinions.

Ou la destination de cette double construction, qui remonte évidemment aux temps dits intermédiaires[1], était d'offrir un double asile pour l'exercice des fonctions religieuses aux nombreux cénobites qui, dans les guerres, cherchaient dans une ville fortifiée un abri contre le pillage et les mauvais traitemens des troupes, ce qui fit donner le nom de *Refuges* à plusieurs vastes constructions du même genre existant à Provins; ou ces deux salles spacieuses et voûtées n'ont été construites par les comtes ou par les monastères que pour servir de granges et de celliers.

Dans cette dernière hypothèse, le nom tant soit peu féodal, consacré jusqu'à ce jour, de *Grange des Dîmes*, pourrait avoir été la qualification originelle de cet édifice, qui n'aurait pas changé de destination depuis sa construction, à cela près qu'il renferme aujourd'hui les récoltes *entières* de cultivateurs, devenus, par la division des propriétés, par leur louable industrie, et par le développement de la prospérité agricole, héritiers directs des comtes ou des moines.

A en juger par la sérénité de ces braves gens, ils sont, avec raison, étrangers à toutes craintes sur la légitimité de leur possession comme sur la possibilité du retour du droit proportionnel qui a donné son nom à l'édifice que nous décrivons.

Quoique de droit divin et d'institution patriarchale, « Dieu, d'après le » Lévitique, ayant ordonné aux Israélites de lui offrir la dîme de leurs » revenus, qu'il donna aux enfans de Lévi, et *Melchisedek* (Genèse XXVIII) » ayant perçu la dîme sur le butin provenant des victoires d'*Abraham* », cet impôt, qui compte chez nous une existence de quatorze siècles, bien raisonnable pour un peuple changeant, ne serait plus en harmonie avec les mœurs et les institutions de la France nouvelle, où il a d'ailleurs été si largement remplacé, que nous ferons très-sagement de nous tenir pour suffisamment pourvu à cet égard, en nous *contentant* de nos contributions *foncière*, *personnelle*, *mobiliaire*, etc., etc., etc.

[1] Ses colonnes basses rappellent l'architecture du temps de Charlemagne.

Considéré sous le rapport pittoresque, ce bâtiment, dans lequel on entre par une grande porte cintrée, se compose de deux vastes salles en forme de chapelle, de dimension égale et de même disposition.

Dans chaque voûte, soutenue par deux rangs de piliers, avec chapiteaux, les cintres sont doubles et triples. On compte en outre, dans le pourtour, quatorze piliers engagés dans la muraille.

La partie souterraine est éclairée de côté, au moyen de soupiraux, et par le vaste rayon qui glisse sur un escalier très-large, composé d'environ trente marches.

Des fenêtres donnant sur la rue, éclairent abondamment la partie superposée qui communique avec celle inférieure par le grand escalier, et par un autre petit escalier tournant.

A l'époque de la révolution, ce bâtiment appartenait au chapitre de Saint-Quiriace, et lui servait de grange.

PROVINS.

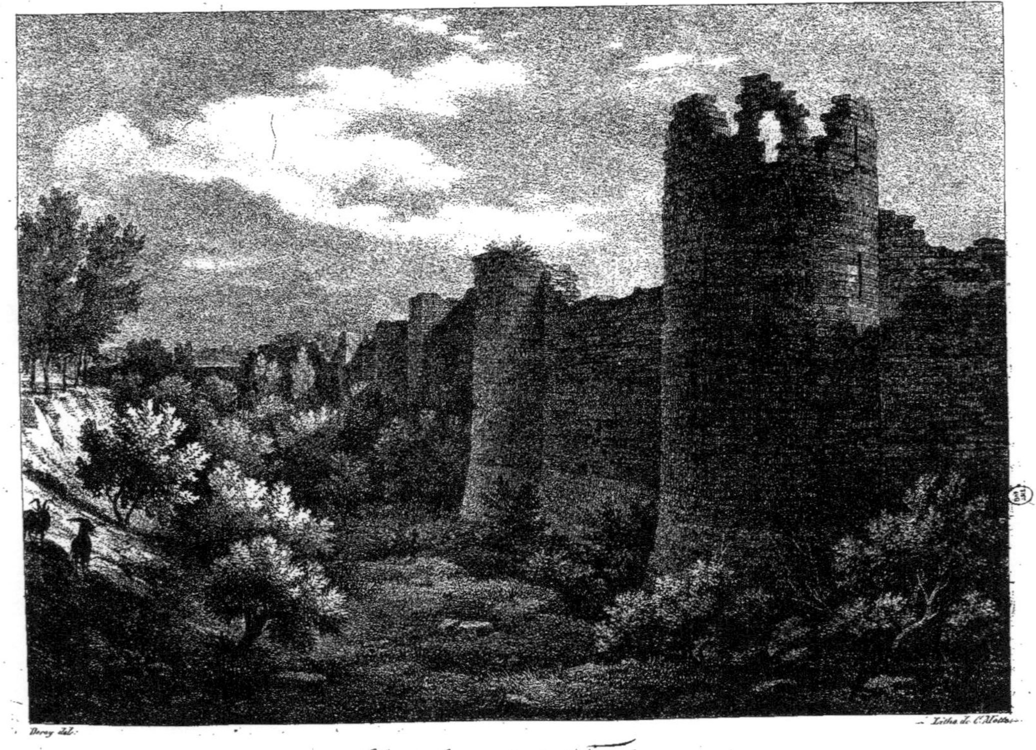

Deroy del. — Litho. de C. Motte.

Vue de l'ensemble des Fortifications.

(Partie du nord.)

VUE

DES FORTIFICATIONS, PRISE DU CIMETIÈRE.

PAR M. DEROY.

POUR ajouter ici quelque intérêt à l'aspect réellement majestueux que présente la Vue des fortifications, prise du point où s'est placé l'habile dessinateur à qui on doit cette planche, notre intention était de joindre à la liste *nominative* des diverses tours que cette Vue comprend, depuis la *Tour aux Engins*, qui se trouve sur le premier plan, jusqu'à la *Tournelle Fénéron*, quelques notices historiques ou de traditions relatives à ces ruines; mais en considérant que le texte de la première livraison se trouvait déjà gonflé démesurément par l'avant-propos, par la notice générale, et par les détails concernant la partie des fortifications qui regarde le midi, nous avons pensé que ces indications pourraient être fondues sans inconvénient dans la notice de la deuxième livraison, qui s'appliquera à la continuation des fortifications du nord-ouest: nous nous réservons en conséquence de traiter dans cette notice tout ce qui concerne le côté des fortifications, dont la Vue prise du cimetière fait partie.

VUE EXTERIEURE

DE LA PORTE SAINT-JEAN,

COTÉ DES CHAMPS.

PAR M. LÉOPOLD LEPRINCE.

PAR le motif indiqué à l'article précédent, nous remettons également à traiter de ce qui concerne la porte Saint-Jean, dans la notice générale que nous donnerons sur cette porte remarquable, dans la deuxième livraison.

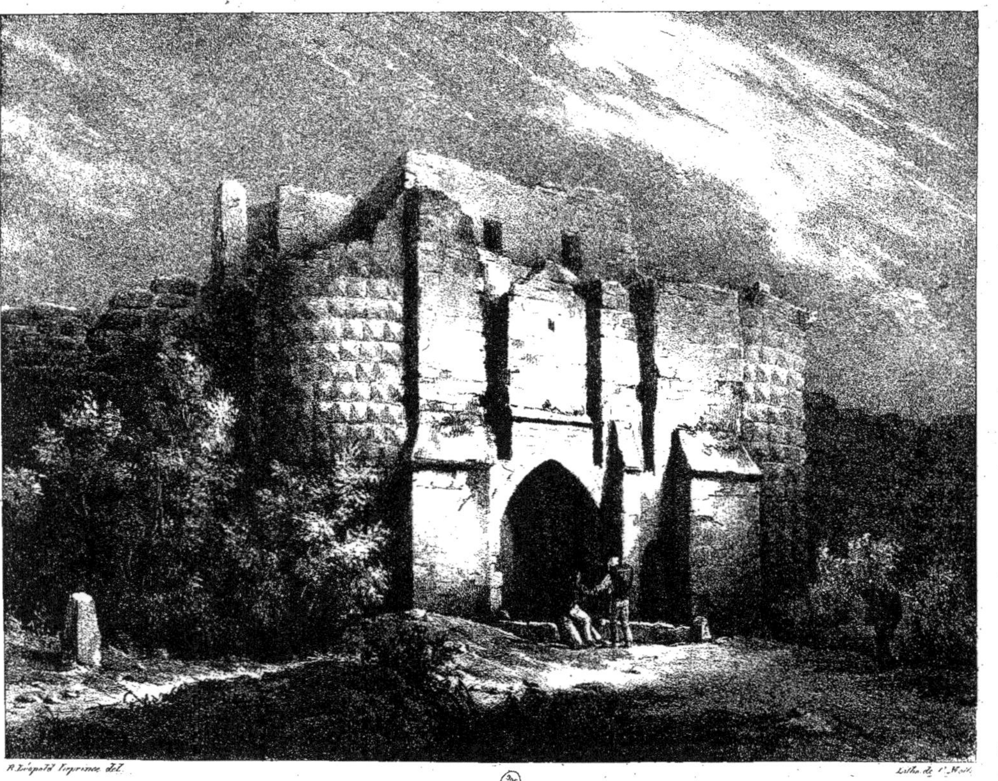

R. Léopold Leprince del. — Litho. de C. Motte.

Vüe de la Porte Saint-Jean.

PROVINS.

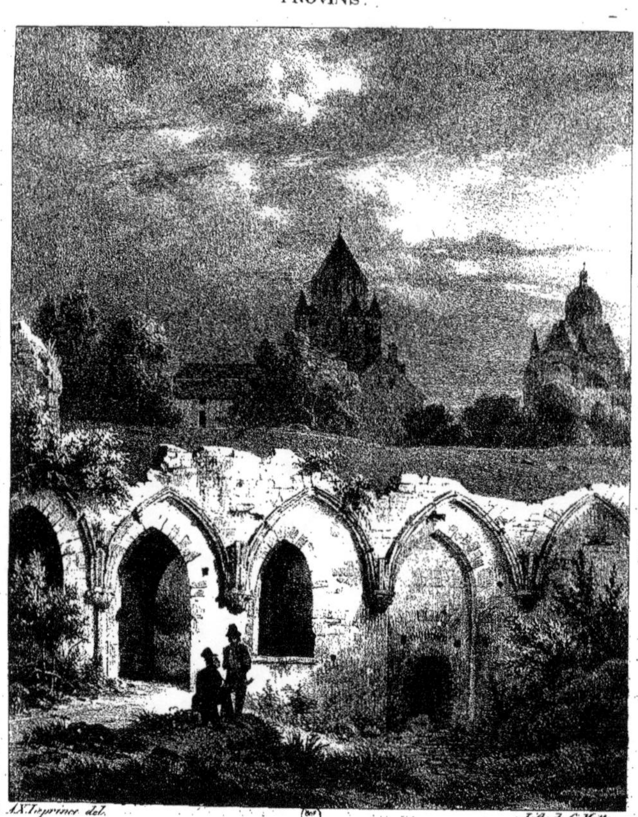

A.X. Leprince del. Litho de C. Motte.

Vüe des ruines de St. Jacques.

DEUX VUES

DES RUINES DE SAINT-JACQUES :

L'UNE, PRISE DU FOUR A CHAUX,

PAR M. XAVIER LEPRINCE ;

L'AUTRE, PRISE DU RUBIS,

PAR M. DEROY.

L'INTÉRÊT principal portant, dans l'une et l'autre de ces Vues, sur les ruines d'un même monument, considérées sous des aspects différens, nous réunirons dans une seule notice, la description de ces deux planches.

Si la première de ces Vues n'est réellement remarquable que par l'agencement pittoresque des ruines du petit cloître Saint-Jacques, avec les deux tours qui les dominent, la deuxième, qui semble retracer un site d'Italie, doit, à notre avis, donner la mesure des regrets qu'a coûtés à la ville de Provins, rien que sous le rapport des avantages extérieurs, la destruction de cette magnifique abbaye, qui d'un côté se liait avec les grandes fortifications, dont on aperçoit l'angle, formé par la *Tour* dite *aux Pourceaux*, tandis que sa masse se composait admirablement dans l'autre direction, avec la Tour de César, le dôme de Saint-Quiriace, le collége, etc., et en outre, plus anciennement, avec la porte Hodois, la tour de Gannes et le Palais des Comtes.

Il suffit de relever ces monumens dans la pensée, et de réunir avec l'ima-

5..

gination ce qui fut à ce qui est, pour concevoir un des plus beaux ensembles pittoresques qu'aucune ville de France puisse présenter, et pour s'expliquer, par la réunion de cet aspect avec celui des fortifications et des nombreux clochers de Provins, le surnom de Jérusalem qui fut appliqué à cette ville alors que ses monumens de tous genres étaient plus nombreux encore, et mieux conservés qu'à l'époque récente d'où date la démolition de l'abbaye de Saint-Jacques, dont nous allons parcourir rapidement les phases et les vicissitudes.

Vers 1050, Thibault, comte de Blois, voulant offrir un asile convenable aux nombreux pélerins, que la visite des reliques de Saint-Ayoul, continuait à attirer à Provins, fonda pour eux, sur le bel emplacement qui domine les terrasses de la deuxième Vue, un hôpital où mourut en odeur de sainteté, en 1146, *Renier*, abbé de Saint-Marien d'Auxerre, qui tomba malade à Provins, dans une visite de prémontrés.

Cet hôpital institué sous le nom de Saint-Jacques, patron des pélerins, fut converti en couvent, lorsqu'en 1157, le comte Henri Ier, pour faire cesser la division qu'entraînait dans le chapitre de Saint-Quiriace, la confusion des chanoines réguliers et séculiers, affecta aux premiers le bâtiment de Saint-Jacques.

Les pélerins valides ou convalescens, obtinrent une résidence particulière dans la rue de Jouy, et les malades furent transportés dans l'hôtel des Comtesses douairières de Blois, depuis lors, et encore aujourd'hui, l'Hôtel-Dieu.

La charte de donation du bâtiment de Saint-Jacques aux chanoines est de 1159.

Sans doute ce bâtiment, successivement agrandi, embelli et même reconstruit par ses nouveaux possesseurs, jaloux de rendre le local de leur résidence digne de sa magnifique position, était loin, à cette époque, d'offrir l'aspect qu'il présenta depuis.

D'après les dessins conservés, cette abbaye, la plus considérable de toutes celles de l'ordre de Sainte-Geneviève, construite sur un plan très-vaste et très-régulier, avec son église, ses magnifiques terrasses et ses belles dépendances, devait paraître plutôt un palais qu'un couvent, à l'époque où des circonstances contemporaines, sur lesquelles il serait pénible et superflu de s'apesantir, ont réduit le tout à l'état où nous le voyons.

PROVINS.

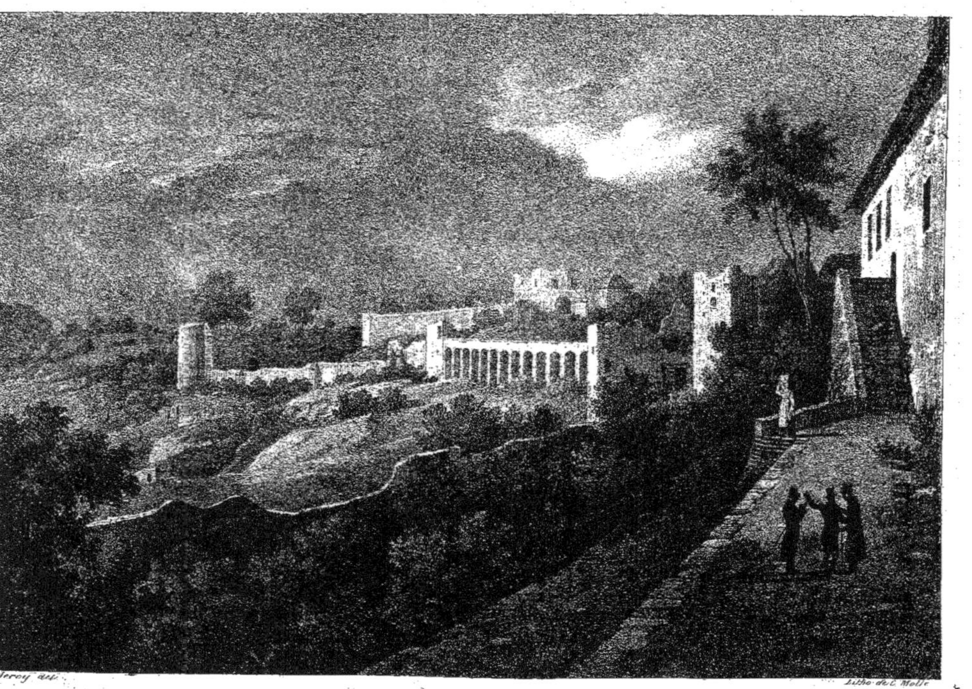

Leroy del. — Litho de C. Motte

Vue générale prise du Rubis

Ne sachons pas gré à ses acquéreurs de la conservation des débris que ces Vues reproduisent. Les murs de terrasses n'ont été respectés, que comme soutènemens de terres dont l'éboulement aurait entraîné des dépenses que n'auraient même pas couvertes le produit de la vente des matériaux enlevés ; et si quelques arceaux du joli cloître sont encore debout, on le doit à la surabondance des débris de cette nature gisans sur le sol du *nouveau* Provins, et à l'excellente spéculation du propriétaire actuel, qui a trouvé le moyen de faire servir une partie de cet édifice à l'anéantissement absolu du reste, comme pour trouver enfin une juste application à ce vers *du Cid:*

La moitié de *sa* vie a mis l'autre au tombeau.

Quoi de plus ingénieux, en effet, que d'avoir établi dans une partie de ce cloître un joli four à chaux très-commode, où se consument incessamment, par une calcination rapide, les pierres, les colonnes, chapiteaux, bas-reliefs, etc., qui, par l'effet d'explosions volcaniques artificielles, sont sortis du fond des voûtes sépulcrales des pélerins et des chanoines, et reposent indistinctement et à moitié enfouis sur une terre encore en convulsion? et quel meilleur usage pouvait-on faire de ces vieux et inutiles *plâtras*, que de les convertir en une poussière utile et surtout d'un produit réalisable.

Pour nous étourdir sur les sentimens pénibles que fait naître le tableau de cette dévastation acharnée, dont le cours n'a pas même été suspendu par le retour de l'ordre et par les progrès de la civilisation et de la culture des arts, enfonçons-nous dans les vieilles annales de cette abbaye, pour y trouver une diversion à nos regrets, dans un procès-verbal historique et anecdotique, assez curieux et très-comique, quoiqu'il reproduise une scène d'épouvante, qui donne une faible idée de l'intrépidité des membres de cette congrégation, et du mérite poétique de son historiographe.

Pièce trouvée dans le cartulaire de l'abbaye de Saint-Jacques.

En l'an treize cent soixante-dix-sept,
Le lundi, jour d'avril qu'on appelle vingt-sept,
Une heure devant minuit avint merveilleux fait
De tonnerre et d'éclairs que vent d'aquilon fait

Au châtel de Provins en deux églises nobles.
Chacun *cuida mori* tant clercs-lais comme nobles,
Premier frappa la foudre es clocher tout amont,
Et à une seule heure sur le haut de ce mont;
Puis vint icelle fondre ardent d'amont aval,
Sans point épargner plon, ardoise ne métal :
Tout ardit on cassa thuilles, lattes et bois,
Aussi légèrement comme feu arderoit bois.
Au clocher de Saint-Jacques cinq cloches perdit-on;
Couvert étoit d'escailles, nobles étoit et bon;
. . . .
Au tour dudit clocher furent quatre clochers,
Chacuns qui les voyoit les tenoit bieaux et chers.
Maintes gens travaillerent, resisterent au péril,
Mais il n'y survint home tant furent fort ou fourtil
Par qui le péril fut arresté ou eteint
Jusque le mardi prime; lors loüerent Dieu maint,
En disant tres doux Dieu, puissant, misericors,
Secouré votre peuple dans l'amé et dans le corps
Très-souffrant être vous qui souffrez tels orages
En tels nobles Eglises faire si grand dommage.
. . . .

Vers 1550, l'abbé de Saint-Jacques était Guillaume de la Chesnaye, qui fut pendu à Paris, en place Maubert, pour crime d'État. Les chroniques de Provins l'accusent d'avoir pris le parti des Huguenots, d'avoir vendu les biens de la maison, les ornemens de l'église, le plomb des clochers, etc.

C'est par une conduite bien opposée qu'un de ses successeurs, le respectable abbé François d'Aligre a éternisé son nom dans la même ville. Les nombreux services rendus à Provins par cet homme inépuisable en bienfaits, motivent la notice détaillée que nous lui consacrons, comme à un des plus beaux caractères historiques connus, et pour suppléer au silence des biographies, qui, en général, ne consacrent que les célébrités d'ostentation.

Nous diviserons cette notice en deux parties, réservant pour la IIIe livraison ce qui est relatif aux travaux exécutés dans la ville basse par les soins de ce généreux apôtre de la bienfaisance et de l'humanité, devenu, par sa conduite, le souverain d'affection de la ville de Provins, où son souvenir règne encore dans tous les cœurs.

Fils d'Etienne II, chancelier de France, l'abbé d'Aligre, né en 1620, fut installé comme abbé de Saint-Jacques, en 1644. Satisfait de ce poste qui, en ouvrant une large carrière à sa bienfaisance, lui permettait en même temps de suivre la vie austère qu'il s'était prescrite, il refusa, en 1669, l'évêché d'Avranche, auquel il avait été nommé.

Son premier soin, en prenant possession de cette abbaye, fut d'y compléter la réforme qu'un de ses frères, qui l'y avait précédé, avait commencée pour mettre un terme au relâchement qui s'était introduit dans cette congrégation.

Obligé, vers 1674, de se rendre à la Cour pour aider son père, alors chancelier, dans la direction des affaires de l'État, il s'y conduisit de manière à mériter la haine des intrigans, et à se concilier la haute estime des gens de bien. Entre autres exemples, on cite de lui cette réponse à M. de Harlay, archevêque de Paris, qui, se plaignant d'un de ses refus, lui disait que le cloître lui avait gâté l'esprit : « L'air de la Cour du moins, lui répondit-il, ne m'a pas corrompu le cœur ».

Depuis 1677, époque de la mort de son père, jusqu'en 1712, terme d'une existence si glorieusement remplie, l'abbé d'Aligre séjourna constamment à Provins, qu'il ne quittait que pour aller quelquefois visiter à la Trappe son ami l'abbé de Rancé, ce qui fit dire, à propos d'un de ses voyages, qu'il entreprit au mois d'avril, que l'abbé d'Aligre *allait faire son carnaval à la Trappe*.

Sa vie habituelle fut, pendant ces trente-trois années surtout, aussi austère que celle des Trappistes. Sa nourriture ne se composait que de pain, de fruits et de salade sans huile ni sel. Couvert d'un cilice qu'il ne quittait jamais, il couchait sur une paillasse, n'ayant pour chevet qu'une pierre de taille.

Loin d'exiger des autres une semblable austérité, il recevait très-honorablement les étrangers qu'il charmait par un accueil plein de grâces et par l'attrait de sa conversation.

Il n'appliquait qu'à lui seul les calculs d'une stricte économie qui lui offrit les moyens d'amasser de grands biens dont il se montra très-prodigue envers les autres. *La fortune*, disait-il, *n'étant bonne que pour vivre et non pour mourir*.

Ses largesses étaient si remarquables et si multipliées, qu'on aurait cru que sa fortune s'accroissait en raison de l'honorable emploi qu'il en faisait :

comment concevoir, en effet, qu'un simple particulier ait pu subvenir à toutes les dépenses dans lesquelles sa bienfaisance, ses sentimens religieux et sa générosité philantropique l'entraînèrent.

Indépendamment des immenses travaux d'utilité et d'agrément qu'il fit exécuter à ses frais dans la ville basse pour les promenades, les fontaines et autres embellissemens que nous aurons occasion de rappeler dans la IIIe livraison, et sans parler de ses aumônes continuelles, il fonda à Provins un cours de théologie pour les jeunes clercs pauvres, une communauté d'orphelins avec une dot de 100,000 fr. pour l'entretien de trente jeunes filles, un bureau de secours, de prévoyance et de répression contre la fainéantise et le vagabondage, et un grand nombre d'autres institutions utiles et agréables telle que l'arquebuse qu'il protégeait spécialement comme offrant un délassement licite à la classe industrieuse dont il était le médiateur et le conseil dans toutes les contestations. Ainsi peut-on dire de lui, qu'il ne fit jamais de tort qu'aux suppots de la chicane dont il paralisait l'action par sa médiation toujours efficace. Ami des lettres et des sciences, c'est par ses soins, et de ses deniers, que fût formée la belle bibliothèque de Saint-Jacques, composée de plus de dix mille volumes et de manuscrits rares dont la ville hérita, et qui furent entièrement consumés dans le déplorable incendie du mois de janvier 1821. Cette perte du moins est à la rigueur réparable; mais ce qui ne l'est pas c'est la perte de son portrait qu'il avait donné à la ville et qui se trouvait placé dans une des salles où le feu n'épargna rien.

Conciliant ses devoirs religieux et ses fréquentes retraites avec la vie la plus active, il était le premier au rendez-vous des ouvriers qu'il employait pour l'exécution des plans qu'il concevait avec une grande vivacité d'imagination, et dont l'accomplissement ne souffrait jamais de retard; il animait les travailleurs par ses paroles et par son exemple, partageait leurs travaux les plus pénibles, assistait, couché sur le gazon, à leur modeste repas, et n'y restait pas toujours étranger.

Plein de bonté et d'indulgence pour qui lui en semblait digne, il était inexorable pour les intrigans et les ambitieux et principalement pour les mauvais prêtres qui cherchaient à abuser, à leur profit, de l'influence que l'archevêque de Sens lui avait donnée dans l'administration de ce diocèse.

La seule occasion où il ne maîtrisait pas son caractère, naturellement vif et même emporté, était l'annonce d'un malheur qu'on ne lui avait pas fourni les moyens de prévenir; aussi rendait-il les curés, dont il employait toujours l'intermédiaire pour ses aumônes, responsables devant Dieu, si, faute de recourir à lui, quelqu'un manquait du nécessaire.

La prolongation de son existence jusqu'à l'âge de 92 ans fut une faveur de la Providence pour la ville de Provins, où la sérénité de ce digne prélat à ses derniers momens, ajouta encore aux sentimens presque religieux qu'inspiraient à chaque habitant ses vertus et ses bienfaits.

L'exemple de l'abbé d'Aligre, à qui l'abbaye de Saint-Jacques était redevable de nombreux embellissemens et de dons très-précieux, fut suivi de nos jours, par le dernier prieur de Saint-Jacques, M. Guignace, homme très-recommandable, qui, après avoir consacré ses soins et sa fortune à ajouter de nouvelles constructions à ce couvent, s'en vit chassé en 1792 par les *hommes libres*, et succomba, il y a peu de temps, sous le poids des années, des fatigues et des chagrins que lui causèrent les malheurs de son pays et de ses coreligieux, et la conversion en ruines des constructions qu'il venait d'élever, certainement dans l'espoir d'un plus long avenir.

PLANCHE DE DÉTAILS.

PAR M. COLIN.

Pour ne pas nous écarter du plan que nous nous sommes tracé, nous ne chercherons pas à établir des dissertations sur les petits monumens reproduits dans cette planche.

La démonstration technique de l'époque précise à laquelle chacun d'eux remonte, entraînerait des discussions que nous voulons éviter, comme n'étant d'aucun intérêt pour la plupart des premiers souscripteurs, au goût desquels nous devons subordonner le nôtre.

Il suffit, dans notre but, de fixer leur attention sur ces jolis ouvrages de sculpture, et de leur indiquer que les deux petites statues de marbre, nos 1 et 2, qui doivent représenter, l'une et l'autre, *Sainte-Cécile*, sont placées dans l'église Saint-Ayoul, près du baptistaire; que le bénitier, no 3, est dans l'église Saint-Quiriace, auprès de la grande porte; celui no 4, dans l'église Sainte-Croix, près la petite porte méridionale; que la clef de voûte en forme de cul-de-lampe, no 5, appartient à la voûte de la nef septentrionale de l'église Sainte-Croix, à peu de distance de la sacristie, et que la statue drapée, no 6, en pierre *badigeonnée*, est placée dans la nef méridionale de Sainte-Croix [1].

[1] Si, pressé de questions, nous étions obligés d'exprimer une opinion, prenant une latitude raisonnable, nous assignerions le xve *siècle* comme ayant donné le jour aux nos 1, 2, 3 et 5. Quant au petit bénitier gothique, no 4, il nous paraît d'*une époque antérieure*, tandis qu'au contraire la statue, no 6, d'un travail bien inférieur à celui de ses sœurs, nous semble appartenir à un temps plus rapproché de nous.

Imprimerie de C.-J. TROUVÉ.

PROVINS.

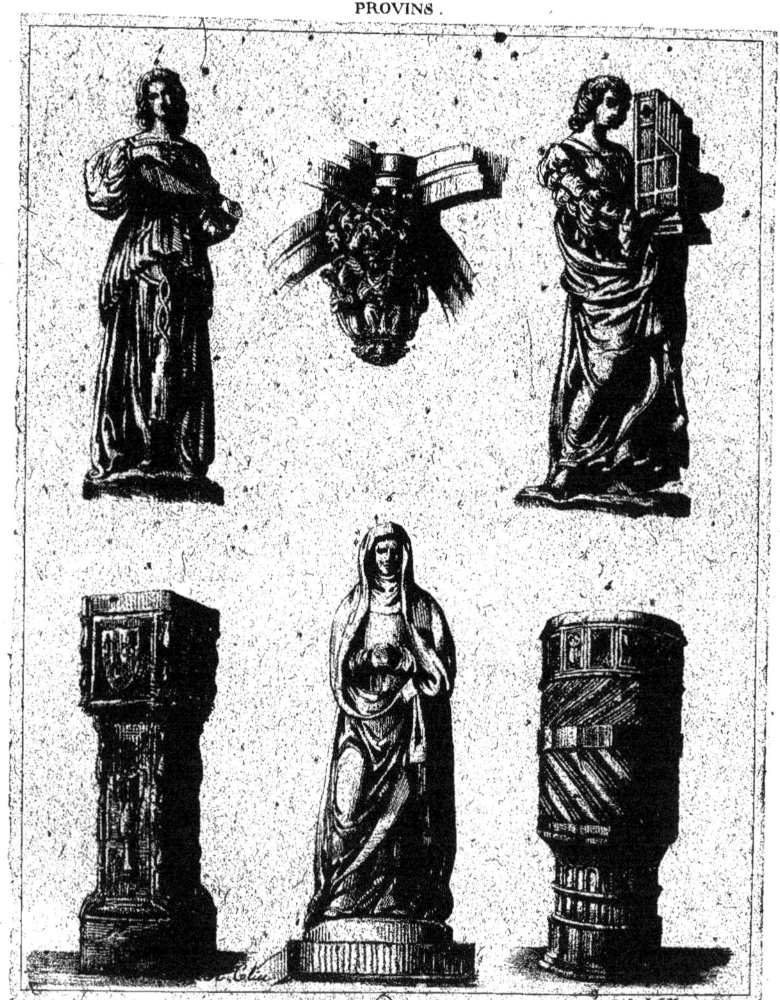

Planche de détails.

CUL-DE-LAMPE.

VUE DE LA FONTAINE SAINT-AYOUL.

Situé sur la place Saint-Ayoul, dont la vue *entière*, par un changement qu'on trouvera sans doute heureux, sera donnée dans la IIIe Livraison, avec l'aspect qu'elle présente un jour de marché, cette Fontaine, d'où l'eau jaillit par des têtes de bronze d'un assez beau travail, n'offre, d'ailleurs, aucun intérêt comme monument; mais elle nous fournit l'occasion de rappeler l'anecdote suivante, qui a servi de sujet pour les figures de ce Cul-de-Lampe. Qu'on nous pardonne si, laissant de côté pour un moment les règles sévères du goût, nous donnons à cette description le caractère de la scène qu'elle retrace.

Par un usage qui remontait à des temps très-éloignés, et qui s'est conservé jusqu'en 1761, on portait, dans les processions des Rogations des chapitres de Saint-Quiriace et de Notre-Dame, des animaux en bois, fichés au bout d'une longue perche, et dont la mâchoire mobile agissait au moyen d'une ficelle.

Ces simulacres, qui figuraient l'*Hérésie*, étaient ornés de lilas et d'autres fleurs [1].

Le sonneur de Saint-Quiriace portait un dragon, et celui de Notre-Dame un lézard, et il était d'obligation pour eux de mettre ces animaux aux prises, lorsque les deux processions, dont la marche était calculée en conséquence, se rencontraient : celui des deux combattans qui laissait sur le champ de bataille une plus grande quantité de ses fleurs, était censé vaincu.

Or, il advint que vers 1760 le chapitre de Saint-Quiriace eut pour sonneur un homme facétieux et *lettré*, dont le nom, Jacobé Frélon, s'est conservé, et *résonne* encore dans l'histoire de Provins, grâce à la publication d'un petit journal sur les enterremens, ouvrage *profond*, par lequel ce fossoyeur jovial charma l'ennui de ses loisirs.

Soit qu'il voulût ajouter à sa réputation, déjà si retentissante, et au *bruit* qu'il faisait dans sa patrie, ou que, connaissant la tradition que nous avons mise en note, et voulant enchérir sur ses dévanciers, il jugea, en homme instruit, que la lutte de l'*Hérésie* n'aurait d'intérêt réel qu'autant qu'elle présenterait le spectacle de l'Enfer, qui attend ce monstre, Frélon s'avisa un jour d'employer l'*artifice*, pour assurer la victoire à son dragon, dont il remplit la gueule de pétards qui prirent feu, au moyen d'une mèche suspendue, dans le moment de la rencontre des deux processions.

On peut se rendre compte de l'épouvante qui s'empara des assistans, lorsque surtout la carcasse de l'animal, qui n'avait pas la vertu de la salamandre, s'enflammant par l'effet de la détonation, le dragon jeta feu et flammes sur les perruques et sur les surplis des chanoines.

[1] Cette coutume n'était pas particulière à Provins. Plusieurs auteurs disent que d'*ancienneté* on portait dans les processions un dragon au bout d'une perche, pour figurer le Diable et l'Hérésie dont l'Église triomphe, et qu'alors un enfant marchait près du porteur, avec une lanterne, pour rallumer le feu qui était en la gueule du dragon, s'il venait à s'éteindre.

Le calme, long-temps troublé, ne fut rétabli qu'après l'immersion des débris enflammés dans le bassin de la Fontaine Saint-Ayoul, près de laquelle eut lieu cette scène, malheureusement à la fois religieuse et burlesque.

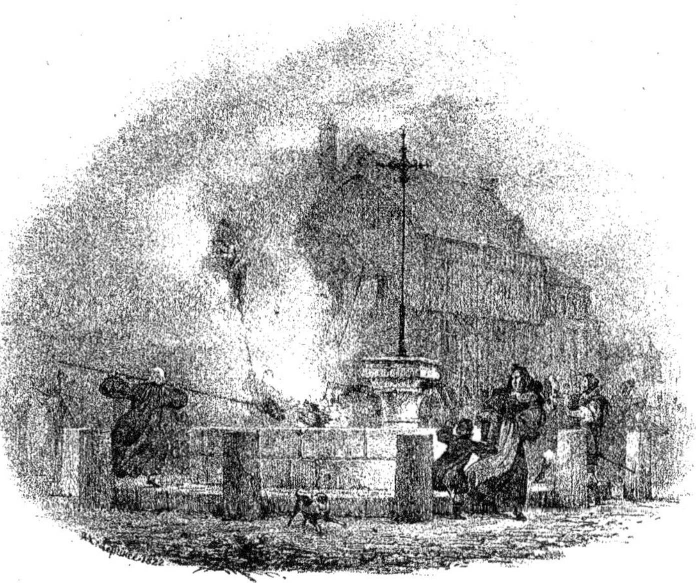

TOUR DE CÉSAR.

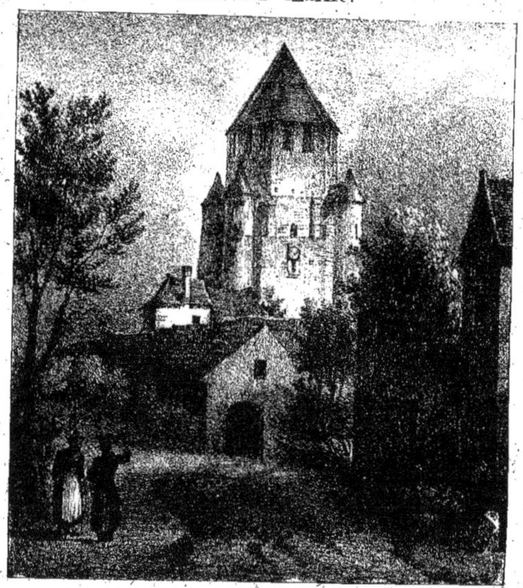

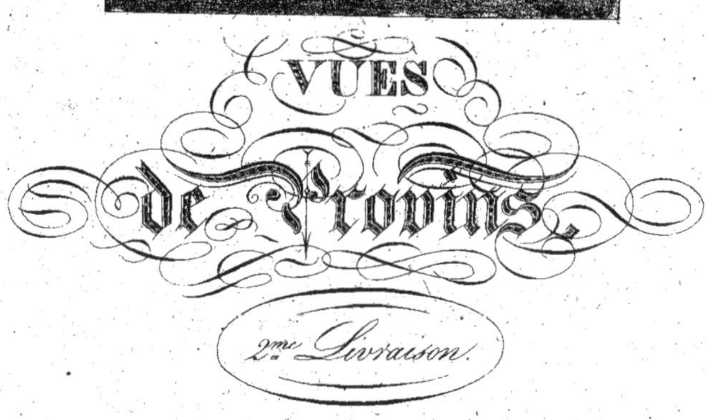

2me Livraison.

Litho. de C. Motte rue des marais.

A Paris chez Gide libraire rue St. Marc Feydeau, No. 20.
et à Provins chez Le Beau imprimeur de S. A. R. Monsieur.

VUES

DE PROVINS,

DESSINÉES ET LITHOGRAPHIÉES, EN 1822,
PAR PLUSIEURS ARTISTES;

AVEC UN TEXTE PAR M. D.

DEUXIÈME LIVRAISON.

A PARIS,

CHEZ GIDE, LIBRAIRE, RUE SAINT-MARC-FEYDEAU, N° 20;
ET A PROVINS, CHEZ LEBEAU, IMPRIMEUR DE S. A. R. MONSIEUR.

1823.

PROVINS.

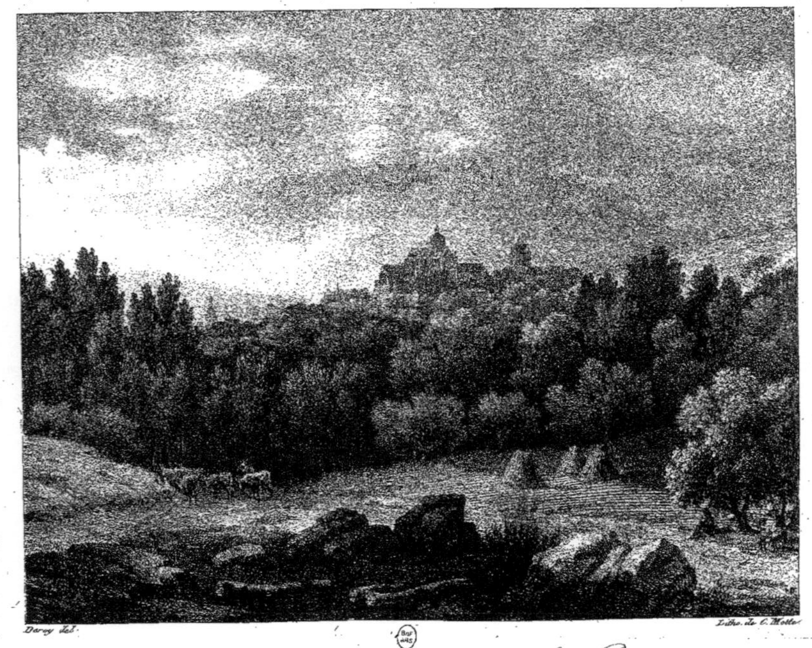

Darcy del.

Litho. de C. Motte

Vue générale prise du chemin de Saint Brice.

VUE DE LA VILLE HAUTE,

PRISE DE SAINT-BRICE;

PAR M. DEROY.

On nous avait engagés à visiter les sources qui sortent de terre, à *tout bout de champ* dans les environs de Provins, et dont la réunion constitue presque immédiatement deux rivières, *la Voulsie* et *le Durtein*, et un très-grand nombre de fontaines abondantes et presque intarissables.

Quittant momentanément les investigations pittoresques pour les recherches hydrauliques, nos jeunes artistes qui avaient remplacé pour la première fois le lourd tabouret pliant par la fine baguette (non la baguette divinatoire qui eût été superflue), se dirigèrent d'abord vers le joli petit village de Saint-Brice, l'une des sources de la prospérité aquatique de la ville basse de Provins.

On leur expliquait comment l'eau qu'ils allaient voir sortir de terre, pour ainsi dire sans *sourciller*, cent pas plus loin faisait tourner des moulins, arrosait de vastes prairies, et, après avoir, dans son allure primitive et vagabonde, alimenté le bouillonnement perpétuel, j'allais dire éternel, d'une majestueuse cascade d'environ *deux pieds* de chute, bientôt enfermée dans les *langes* de la civilisation, venait humblement desservir le piston du jardin de Barlay;

> Et, dans ses *longs* canaux pressée,
> Avec plus de force élancée,
> S'*élevant au milieu* des airs,

formait ce joli petit brouillard local que nous venions de remarquer.

Tout à coup l'un de nous se retourne vers Provins. Les artistes et les amateurs sont curieux, et il n'en est guère qui n'eussent risqué leur conversion en sel pour jouir de l'effet de l'incendie de Sodome. L'expression de son extase fixa notre attention, et nous partageâmes bientôt sa surprise en remarquant le bel aspect que présentait la ville haute, s'enlevant alors en vigueur sur un ciel coloré.

Il est vrai que de ce point, près des petits rochers de Saint-Brice, de belles masses d'arbres, alors bien dégradées de teintes, masquent les toitures en appentis et les flèches trop aiguës de la ville basse, tandis que l'interposition latérale de jolis coteaux, dont les lignes harmonieuses se balancent bien entr'elles, forme un encadrement très-heureux aux *clochers* de Saint-Quiriace et de *César*, qu'on nous accusera peut-être de reproduire trop souvent : mais le moyen de donner des vues générales de Provins où ces masses élevées ne viennent pas se placer, à moins de les dessiner du fond des caves ou dans les nefs des églises !

Tout en reconnaissant que l'effet que nous remarquions, et qui consistait particulièrement dans la valeur et dans l'opposition des tons ne serait qu'imparfaitement rendu par la lithographie, telle soignée qu'elle pût être, nous convînmes que la publication de cette Vue aurait au moins cela d'utile qu'elle pourrait servir d'indication aux artistes et aux amateurs de beaux effets, qui viendraient à leur gré en jouir platoniquement ou par reproduction.

Une autre considération est venue, pour le rédacteur du texte, se joindre à celle ci-dessus Impatient de faire arriver dans nos descriptions le tour de la ville basse, qui pourrait se montrer jalouse de la préférence trop marquée que nous accordons à son aînée, et de nos éloges presque exclusifs des vieilleries de cette dernière, il était naturel pour nous de chercher à commencer par le commencement, et de passer d'abord en revue les faubourgs de la ville basse. Or le terrain que nous foulons comme spectateurs de cette Vue, bien qu'il soit aujourd'hui, d'après notre description même, couvert d'arbres, sillonné par le soc, imbibé à dessein par les irrigations, et fertilisé par les semis étiquetés du plâtre artificiel de M. de Lespinois, dont l'exploitation est très-voisine, formait autrefois un annexe très-considérable de la ville de Provins, sous le nom de faubourg de *Fontenoi-de-Saint-Brice*; c'est ce faubourg qui fut entièrement démoli en 1358 par les ordres de Charles V, alors dauphin, pour sauver à la ville de Provins l'inconvénient de l'approche trop immédiate de Charles, roi de Navarre, qui était en effet un *mauvais* voisin.

On remarquait dans ce faubourg, qui longeait le ruisseau des Auges, la belle église et le chapitre des chanoines de Notre-Dame-du-Val, fondés, construits et dotés vers 1190, par la générosité de la comtesse Marie, fille du roi Louis VII, et veuve alors du comte Henri Ier, qui, sous le rapport des largesses de ce genre, ne l'avait cédé en rien à son épouse, à en juger par son surnom de *libéral;* titre appliqué sans doute dans sa véritable acception, et probablement moins commun alors que de nos jours.

En prescrivant la démolition de ces édifices, Charles régent, en l'absence du roi Jean son père, prisonnier à Londres, ordonna la translation de ce chapitre dans la ville basse, par des lettres patentes d'une latinité qui rappelle celle des médecins de Molière. En voici le début : *Occasione guerrarum regni*, etc. Par le même titre il affecta à ce chapitre l'hôtel des Osches, près duquel a été bâtie depuis, vers 1540, la nouvelle église de Notre-Dame, démolie pendant la révolution, et dont il ne reste que le clocher, qui sera l'objet de quelques observations dans la Notice concernant la Vue de la porte de Troyes.

Une petite chapelle, dont il ne subsiste aujourd'hui aucune trace, restait encore, il y a trente ans, comme jalon indicatif de l'emplacement de l'ancienne église du Val. En 1821, en fouillant une sablière sur le chemin de Barlay, on y trouva plusieurs cercueils et un grand nombre d'ossemens, témoignages certains, sinon parlans, de l'existence d'un cimetière qui devait être celui des chanoines, ou des habitans de ce faubourg, très-considérable, puisqu'il était représenté dans l'administration de la ville par un échevin choisi par ses habitans.

D'anciennes traditions attribuaient aux eaux de Fontenoy-Saint-Brice, la vertu de délier la langue des enfans tardifs que leurs nourrices avaient grand soin de conduire aux sources. Il est dit à ce propos, dans un poëme héroï-comique composé sur Provins, vers 1780, par M. Michelin, de l'Académie *des Apathistes* de Florence :

> Qu'on pouvait, sans blesser l'éloquence des belles,
> Du rang des pélerins excepter les *femelles*.

Cette citation textuelle fera voir que nous ne sommes pour rien dans cette réflexion.

Pour en finir avec les eaux de Saint-Brice et lieux circonvoisins qui étaient, ainsi que nous l'avons dit, l'objet de notre pélerinage, entrepris dans un but étranger à la vertu qu'on leur suppose, nous traiterons de suite des avantages et des inconvéniens résultant pour la ville basse de Provins, de cette immense quantité d'eau qui lui *pleut* de toutes parts.

Les avantages sont incontestables : un très-grand nombre de fontaines jaillisantes, dont les sources existent dans les côteaux environnans, contribuent à l'agrément de la ville et procurent à chaque habitant les moyens de pourvoir à ses besoins journaliers, presque sans se déplacer, tandis que les deux petites rivières, qui serpentent en se subdivisant dans plusieurs rues de la ville, où elles sont alimentées par le trop plein de nombreuses fontaines, sont, à Provins et dans les environs, les moteurs d'un grand nombre d'usines très-utiles à cette ville ; mais ces avantages nous ont paru, somme toute, balancés par de graves inconvéniens, lorsque nous avons compulsé les chroniques qui rappellent les désastres résultant pour la ville basse de sa position en entonnoir qui lui procure cette surabondance d'eau.

Justifions cette assertion par quelques citations : en 1511 et en 1542 il y eut à Provins des inondations si considérables, que, dans la première année, l'eau s'éleva au-dessus du grand autel de l'église Sainte-Croix, qu'on a relevé depuis. En 1570, le 2 juin, dans la saison des orages, il survint une crue d'eau épouvantable au milieu de la nuit, ce qui rendit les conséquences de cet événement d'autant plus terribles. Surpris tout à coup dans leur sommeil par l'invasion de ce torrent qui s'éleva jusqu'aux premiers étages et remplit entièrement les maisons basses, un grand nombre d'habitans ne trouvèrent de salut qu'en gagnant les greniers et ensuite les toits. Ce dut être un spectacle effroyable, heureurement voilé par la nuit, funeste sous d'autres rapports, que la position de ces infortunés cherchant de degrés en degrés, pour eux et leur famille, un refuge qui finit pas manquer à plusieurs, plus de trente cadavres ayant été trouvés dans les maisons innondées, où presque tout le bétail périt.

Qu'on se figure l'effroi des mères et des épouses, à l'aspect des dangers de leurs maris qui, dans leur désespoir, s'embarquaient sur des planches pour chercher des secours, et ne trouvaient que la mort ; les cris des personnes menacées qui se demandaient mutuellement une assistance impossible, se mêlant aux mugissemens des animaux ; le fracas résultant de l'écroulement de plusieurs pans des fortes murailles de la ville basse, qui ne purent résister à l'impétuosité des eaux ; l'aspect de cercueils flottans que la violence des courans avait arrachés à leurs tombes ; et, pour surcroit d'anxiété, la crainte d'un incendie général qui eût placé cette population entre deux fléaux, par la communication du feu allumé dans le magasin d'écorce d'un tanneur, où de fortes provisions de chaux vive s'enflammèrent par le contact de l'eau.

Ce spectacle déchirant, où durent se reproduire des scènes dignes de la sombre et énergique expression du pinceau du Poussin, ne cessa pas avec la nuit; ce ne fut que le dimanche, trois jours après l'invasion du double fléau, qu'il fut possible de porter des secours et d'apprécier l'étendue des désastres. On trouva des familles entières qui n'avaient pas pris de nourriture depuis le vendredi. La retraite des eaux fut si lente qu'on ne put entrer que le mardi suivant dans les églises de Saint-Ayoul, de Notre-Dame et de Sainte-Croix, où l'eau qui s'était élevée jusqu'à huit pieds avait déposé à cette hauteur un limon épais, dont les autels et les ornemens des sacristies se trouvaient recouverts.

Cette détérioration s'étendit à toutes les marchandises placées dans les magasins de rez-de-chaussée, aux papiers des notaires, etc., etc.

Une conséquence aussi funeste de cette calamité, que l'inondation elle-même, fut d'abord la famine momentanée occasionée par l'avarie des farines, par la destruction des moulins, etc.; ce qui donna lieu de faire venir du pain de Nogent, Villenauxe et Donnemarie, et ensuite la manifestation d'une épidémie déterminée par la trop rapide dessication de la vase pendant les chaleurs du mois de juin. Nous ajouterons avec peine, pour être exacts, qu'à la honte de l'humanité, un parti de huguenots profita de ce que la consternation enlevait aux habitans de Provins jusqu'au sentiment de leur indépendance et au désir de la conserver, et que ces misérables, fondant en vautours sur la ville basse, pillèrent ce que les élémens dévastateurs avaient épargné, et emmenèrent cinquante bourgeois notables qui furent réduits à se racheter par une rançon personnelle de 4 à 500 écus.

Si les superstitions de l'astrologie, qui consacre des jours heureux et malheureux, devaient s'étendre aux années, certes l'an 1570 aurait dû être signalé en bien mauvaise part dans les fastes de la ville de Provins; car l'hiver qui suivit un été si funeste consomma la ruine des habitans peu fortunés, en gelant leurs récoltes et tous leurs arbres fruitiers.

De semblables débordemens, moins désastreux toutefois, vinrent renouveler les angoisses de la population de la ville basse en 1607, en 1611 le 16 janvier, en 1622 le 8 mai, en 1637 le 13 février, en 1658 le 20 février, en 1666 le 31 janvier, en 1677 le 17 juillet, en 1698 le 24 juin, en 1709 le 11 février, en 1711 le 17 février, en 1722 le 16 février, en 1757 le 22 janvier, en 1767 le 29 janvier, en 1769 le 29 décembre, et en 1770 le 26 novembre.

Dans la plupart de ces inondations, résultats de diverses causes, les eaux s'élevèrent de plusieurs pieds dans les églises et dans les rues, emportèrent les tuyaux des fontaines, et occasionèrent divers malheurs, qu'on crut prévenir en partie pour l'avenir, par la construction de quatre vannes, posées en 1772, et, depuis, par l'exhaussement des boulevards, garantis d'ailleurs par une fausse rivière.

Celui de ces divers déluges qui se rapprocha le plus, par ses circonstances, du débordement de 1570, fut l'inondation du 22 janvier 1757, survenue également pendant la nuit, et également remarquable par la complication de deux fléaux, considérés comme contraires, l'inflammation d'un réservoir de chaux vive, ayant, pendant la crue d'eau, occasionné, dans le quartier Changy, un incendie très-considérable auquel on ne pouvait porter secours, malgré les moyens surabondans qu'on paraissait avoir de l'éteindre.

M. Ithier, alors maire, s'illustra à jamais aux yeux de ses administrés, par son zèle courageux pendant cette crise, et plus encore par la généreuse activité qu'il mit à procurer et à solliciter les moyens de réparer les pertes, qui furent évaluées à plus de 300,000 fr., non compris les travaux de réparations aux bâtimens endommagés.

Au risque de paraître nous ériger en prophète de malheurs non calculés par la génération actuelle, dont nous ne voudrions pas troubler l'heureuse sécurité, nous accompagnerons cet exposé des réflexions qu'il nous suggère.

Si ces inondations, si désastreuses et si fréquemment reproduites, tenaient essentiellement, comme tout l'annonce, à la localité de la ville basse de Provins, qui n'a pas changé depuis cinquante ans, on ne voit pas que les vannes dont nous avons parlé, soient un grand obstacle à leur renouvellement, dont, au demeurant, les Provinois paraissent s'inquiéter fort peu. Parlez-leur cependant des habitans de Portici, dormant paisiblement sur la lave qui recouvre les demeures de leurs ancêtres, et n'éprouvant d'autre effroi de l'éruption qui les menace sans cesse, qu'une crainte momentanée, qui se calme avec la fureur du volcan, et vous les verrez trembler pour ces imprudens, et blâmer leur incurie et leur imprévoyance. C'est, aurait *répété* le Bonhomme,

> L'image de ceux qui bâillent aux chimères;
> Cependant, qu'ils sont en danger
> Soit pour eux, soit pour leurs affaires.

A quoi tient cette contradiction et cette abnégation de l'avenir pour son propre compte seulement? D'abord, sans doute, à quelque différence dont il faut bien convenir dans la nature des deux dangers, puis à la disposition qui trop souvent nous porte *lynx envers nos pareils et taupes envers nous.*, à réserver tout l'emploi de notre jugement pour observer et régenter les autres. La distance *dans l'espèce* faisant l'office du temps et isolant les faits principaux. nous jugeons comme l'histoire et voyons dans l'intérêt d'autrui, ce qui, dans le nôtre propre, disparaît dans le tourbillon de nos distractions successives.

Viennent ensuite, pour les uns et les autres, les considérations de l'intérêt de la propriété, de l'attache au sol natal, et le don si heureux d'oublier les malheurs, qui, s'il nous prive quelquefois des avantages qu'on pourrait retirer des leçons de l'expérience, nous affranchit du moins des perpétuelles angoisses de la crainte, ce qui justifie ce mot de Saint-Evremont : « *Qu'il vaut mieux oublier la douleur que de la combattre* ».

VUE

DU PORTAIL DE L'ÉGLISE DE SAINT-AYOUL.

PAR M. XAVIER LEPRINCE.

SAINT AYOUL, né à Blois vers 628, martyrisé en 664 et canonisé en 977, fut chargé par Clovis II d'introduire la réforme dans le monastère de Lérins [1], dont il était abbé. Il périt victime de ses nobles efforts pour remplir cette mission. Ceux même qu'il voulait ramener à des sentimens et à une conduite plus convenables, conspirèrent contre lui, le jetèrent dans un cachot, où ils lui firent couper la langue et crever les yeux, et le livrèrent, avec trente-trois religieux fidèles à leur devoir, à des pirates, qui lui tranchèrent la tête dans l'île d'Amathune.

Ses restes furent transportés de cette dernière île à *Lérins*, de Lérins au mont Artue, puis au monastère de Fleuri-sur-Loire, d'où quelques religieux, fuyant devant les troupes du cruel Hasting, vinrent, en 845, les enfouir secrètement à Provins.

Leur invention en 997, déterminée, dit-on, par la guérison d'un possédé qui se plaça de lui-même sur le tombeau du saint, fut la première cause de la fondation de la ville basse, qui ne date que du xe siècle [2].

[1] Ce monastère, fondé en 391 par *saint Honorat*, était situé dans une des deux petites îles Lérins peu distantes d'Antibes. La forteresse de l'autre île servit de prison au fameux Masque de Fer.

[2] Il nous importe de rectifier de suite une erreur de chiffre commise dans l'impression de la première notice de la première Livraison, page 5, ligne 16, et note correspondante, où l'on a mis IXe siècle pour Xe. Cette erreur est d'autant plus manifeste, qu'il en résulte une interprétation entièrement opposée au but de cette note, où nous voulions établir que c'était à tort qu'on attribuait généralement au XVe siècle les ouvrages d'arts exécutés sous François Ier, dont le règne, commencé en 1515, appartient tout entier au XVIe siècle.

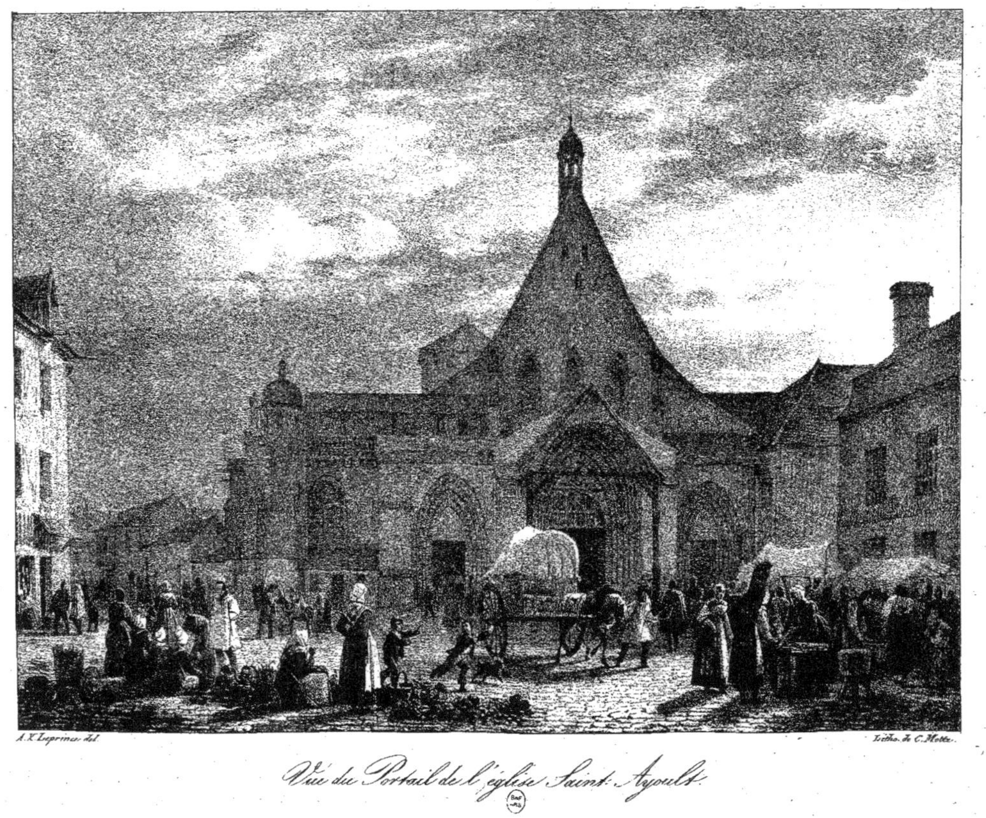

A. X. Leprince del. Litho. de C. Motte.

Vüe du Portail de l'église Saint-Ayoult.

La chapelle de Saint-Médard, où ces restes furent déposés, n'existe plus depuis long-temps. Elle était située derrière l'église de Saint-Ayoul.

Saint Robert, fondateur de Citeaux, fut le premier supérieur du prieuré de Saint-Ayoul, fondé en 1048, époque qu'on peut considérer comme étant à peu près celle de la construction de l'église, en comparant son architecture et le travail des sculptures entièrement mutilées de son portail, avec d'autres monumens analogues de la fin du XIe siècle.

On regrette, en regardant ce portail, que la manie de la *propreté* en ait dénaturé l'aspect par la superposition d'une croûte épaisse d'ocre jaune qui fait encore plus vivement sentir les ravages dont il a été l'objet de la part des iconoclastes de 1793, qui ne procédaient que par destruction et par la décolation. Encore s'ils s'en fussent tenus aux pierres !

Les moines de ce prieuré furent investis, dès l'origine, par le comte Thibault, fils d'Étienne II, d'un privilége que Denisart cite au mot *assises* de sa Collection de Jurisprudence, comme étant *unique et très-remarquable*, et qu'ils conservèrent malgré les efforts que plusieurs de nos rois firent pour le détruire, jusqu'à l'époque récente de son engloutissement dans l'abîme commun.

Ce privilége, confirmé par une Chartre latine du comte Henri Ier, en 1153, consistait dans un droit annuel de souveraineté et de juridiction générale sur toute la ville de Provins, pendant une semaine qui commençait le 14 septembre, lendemain de sainte Croix, et finissait le jour de Saint-Mathieu. Les ministres de ce gouvernement éphémère étaient un bailli, un lieutenant, un procureur fiscal et un greffier. La justice, alors plus expéditive, se rendait au nom des moines, chargés, aux termes de la Chartre, de juger de *latrocinio*, *homicidio*, *raptu*, etc. Les prisons et tous autres établissemens publics leur étaient remis pendant ce court interrègne qui procurait une petite vacance supplémentaire aux gens du roi, de la prévôté et du bailliage.

La seule de toutes ces prérogatives qui soit restée à l'église actuelle de Saint-Ayoul, est la tenue, devant le portail, du grand marché hebdomadaire du samedi, dont un crayon habile a si bien reproduit le mouvement dans la planche que nous décrivons.

Il suffirait de remonter à trois siècles pour citer, à propos de ce marché et des auberges dont cette place est garnie, d'autres *priviléges* qui *malheureusement* n'existent plus.

Dans la crainte d'une interprétation fâcheuse, hâtons-nous de nous expliquer, et faisons, qui plus est, partager nos regrets aux plus acharnés détracteurs du vieux temps.

Extrait d'un manuscrit authentique, contenant la taxe faite en 1563, *par un bailli de Provins, du prix des vivres et denrées.*

« Pain blanc, la livre de 14 onces, 4 deniers; petit vin de Provins, la bouteille, 8 de-
» niers, (ici les regrets seront moins vifs puisqu'il s'agit de vin de Brie); bœuf, la livre,
» 12 deniers; carpe d'un pied, entre tête et queue, 5 sols; fagot, 4 deniers; grosse bûche,
» 10 deniers; etc., etc. »

Extrait d'une instruction donnée par le même bailli, sur la forme que tiendra l'hôtelier au traitement d'un homme seul ou en compagnie, pour son dîner et son souper, le cheval à part.

« A la dînée, en maigre, pour un homme seul : ung potaige de pois ou autre, ung
» fagot, ung pain, une pinte du meilleur vin, un hareng blanc ou saurs, le tiers d'une
» carpe, un tronçon de brochet; fromage, raisins à la desserte, à payer, à considérer
» pour la nappe, serviette blanche et autres frais; *le tout*, 5 sols.

» En temps de *charnage*, l'hôtelier bâillera au passant seul, bon potaige, demi-livre
» de bouilli, une livre de mouton ou de veau; desserte : fromage, pomme, poire; ung
» pain, ung fagot. S'il veut viandes lardées, payera le lard à part; et, pour le tout, 4 sous
» 10 deniers.

» Et où se trouveront six hôtes passant qui *voulissaient* dîner ensemble, les 5 sols du
» dîner maigre sont réduits à 4 sols 8 deniers. »

Le souper de chaque passant est fixé, dans ce *tableau de maximum*, à peu près au même prix que la dînée; mais, est-il ajouté, *couchera, blanchement en ung lit, lui deuxième, pour le plus*, etc.

Même en ayant égard à la différence du taux du marc d'argent, dont la progression de valeur entraîne l'accroissement du prix des objets nécessaires et diminue nos revenus, à l'échelle, on ne peut disconvenir qu'il n'existe aucune parité entre nos *prix d'entretien* actuel et le *vil* prix de la nourriture de nos ancêtres, vis-à-vis desquels nous *achetons* bien le droit de faire les *renchéris*.

Revenant au prieuré de Saint-Ayoul; nous ne pouvons passer sous silence le séjour qu'y fit Abeilard, lorsque, aussi malheureux dans ses écrits que dans ses amours, et quittant l'abbaye de Saint-Denis pour fuir les persécutions que lui attira en 1122 *son Traité sur la Trinité*, il se réfugia d'abord à Provins, sous la protection du comte Thibault II, dont il reçut des marques particulières d'intérêt et d'affection [1].

Il ne quitta Provins que pour aller à quelques lieues de cette ville ensevelir ses chagrins et ses cuisans regrets dans la solitude, où, transformant, selon l'expression d'Héloïse, une retraite de voleurs en une maison de prières, il fit bâtir un oratoire nommé par lui le *Paraclet* (ou la Consolation), qui devint en 1129 la retraite d'Héloïse, et le lieu d'une réunion, d'abord momentanée, après onze ans de séparation, puis éternelle, *jusqu'à nos jours*, de ces deux malheureux, et peut-être, par cela même, toujours constans époux.

On peut donc, avec toute assurance, redemander aux échos de cette église, le nom profane, mais si doux d'Héloïse, que son illustre amant prononçait, il en convient lui-même, *jusqu'aux pieds des autels, en versant des larmes de sang*.

C'est un prestige de plus à joindre aux souvenirs que retrace cette église, comme premier monument de la ville basse.

[1] Abeilard avait déjà habité, en 1120, le couvent de Saint-Ayoul, dont le prieur Robert était son ami particulier. Il y avait professé la dialectique et la théologie avec tant de succès, qu'au dire de quelques historiens, le nombre des élèves qui accoururent de toutes parts pour suivre ses leçons, s'éleva à plus de trois mille.

VUE

D'UNE CHAPELLE DE SAINT-AYOUL.

PAR M. LE SAINT.

Du portail précédemment décrit, nous arrivons presque immédiatement à cette chapelle choisie par l'artiste, non comme la principale, sous le rapport de l'élégance de l'architecture et de la richesse des détails, mais comme étant la seule où la peinture pût trouver un effet.

Derrière le spectateur est la chapelle des fonds baptismaux, où sont les deux jolies petites statues de sainte Cécile, reproduites sous les N°s 1 et 2, dans la planche de détails de la Ire Livraison.

Dans le prolongement de la chapelle décrite, et au bout de la nef méridionale, où la vengeance des Anglais poursuivit les habitans de la ville qui furent massacrés dans ce temple, on remarque la chapelle de la Vierge, ornée de beaux panneaux de bois sculptés en relief, d'un saint François, transformé, je ne sais pourquoi, en saint Fiacre, et de la sainte Marguerite, déjà citée comme ayant figuré la déesse *Raison* dans les dégoûtantes mômeries dont l'église de Sainte-Croix fut le théâtre.

Ces beaux ouvrages en bois, sur lesquels les immenses colonnes cannelées, surmontées de chapiteaux et de statues qui décorent le maître-autel, viennent enchérir encore, ont été faits sous la direction du sculpteur Blasset, vers 1660, et proviennent du couvent des Cordeliers, aujourd'hui démoli. On se demande ce qui a pu déterminer à défigurer ainsi le saint François et la sainte Marguerite, en les barbouillant de couleurs tranchantes qui les placent, pour l'aspect, dans la cathégorie des plâtras enluminés du sépulcre de la même église. Le seul motif *raisonnable* serait, pour le saint François, la nécessité de mieux assurer son *déguisement*; et,

PROVINS.

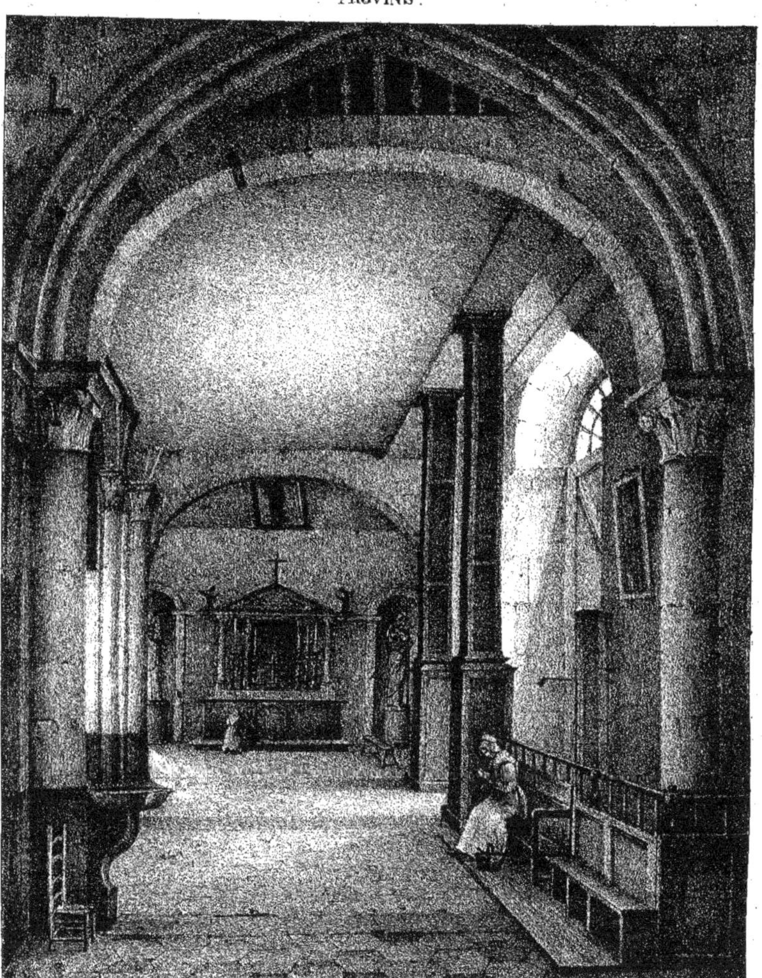

Le Saint del. Litho. de C. Motte.

Vue d'une chapelle de l'église Saint-Ayoult

pour la sainte, le désir de couvrir par un enduit les souillures révolutionnaires dont elle fut l'objet.

Que n'a-t-on repeint également le beau tableau qui orne si bien le maître-autel, et qui offre à la fois aux Provinois, amis de leur pays, l'aspect d'un bel ouvrage d'art, souvenir flatteur du séjour d'un peintre célèbre, Jacques Stella [1], qui peignit ce tableau, en 1654, pour l'église des Cordéliers, et matière à reconnaissance pour les soins actifs et généreux qui conservèrent à la ville ce tableau, ainsi que les belles boiseries dont nous avons parlé, lors de la démolition de l'église des Cordeliers!

Nous n'avons pas dissimulé, et nous aurons malheureusement encore occasion de signaler diverses scènes de vandalisme et de férocité qui, de même que les séditions populaires et les crimes qu'elles entraînent, ont été à Provins ce qu'elles sont partout, l'œuvre de quelques individus que suit aveuglément une populace inerte. C'est un motif de plus pour nous d'appeler l'attention et l'intérêt, comme nous le ferons encore plus tard, à l'occasion de la restauration du monument de Thibault V, sur les circonstances qui honorent la partie la plus méritante et la plus nombreuse de cette même population.

Nous tenons d'un témoin oculaire que la translation et le placement dans l'église de Saint-Ayoul de ces objets d'art, acquis par M. Michelin, et qui semblaient une conquête du goût et de la religion sur la barbarie, présentèrent le spectacle le plus intéressant, par le concours des efforts de tous les habitans, qui offraient à l'envi leurs chevaux, leurs bras, leur temps, et même leurs deniers.

C'est ainsi que, près de nous, pour se purger du soupçon qui lui attribuait l'attentat commis, en 1793, sur la statue *de son Roi*, la *canaille* de la capitale (qu'on nous passe ce terme consacré par un mot fameux), lui décerna spontanément, vingt-trois ans plus tard, un triomphe dont le spectacle récent est encore présent à nos esprits comme à nos cœurs.

[1] Dans ce tableau, représentant la Vierge qui surprend Jésus enfant, discutant dans le Temple avec les docteurs de la Loi, Stella s'est peint, parmi les auditeurs, placé au-dessus des docteurs.

DEUX VUES:

L'UNE, DES FORTIFICATIONS,

PARTIE DU NORD, PAR M. DEROY;

L'AUTRE, DE LA PORTE SAINT-JEAN,

COTÉ DE LA VILLE, PAR M. GARSON.

En rapprochant la première de ces Vues, de celle donnée dans la Ire Livraison, comme prise du Cimetière, on peut se faire une idée juste et imposante de la ceinture des fortifications de la ville haute, qui se développent sur une étendue d'environ mille toises. L'œil parcourt avec étonnement cette longue suite de tours (ou tournelles) de diverses formes, garnies de lierres et de pampres séculaires, et dont l'élévation, modifiée dans la hauteur par l'écroulement des sommités, et dans la base par l'enfouissement occasioné par ces éboulemens mêmes, varie encore entre cinquante et soixante pieds. Si on considère ensuite ces fossés profonds et spacieux, ces poternes ménagées sous la double protection des tours, et communiquant avec les vastes souterrains voûtés qui règnent dans l'étendue de presque toute la ville haute, et surtout les deux belles portes de Jouy et de Saint-Jean, dont les débris remarquables donnent la mesure de l'importance primitive de leur masse, on trouve dans l'ensemble de ces deux Vues, réuni à la description que nous donnerons de la partie du Bourg-Neuf, le témoignage d'un système de fortifications largement combiné. Il faut reconnaître, toutefois, que ce système, qui s'est conservé sans de grandes variations, depuis les Romains jusqu'au xve siècle, suffisant pour une époque où l'absence des projectiles destructeurs nécessitait l'approche presque immédiate des machines de guerre, est loin de ressembler à ceux que la *sublime* découverte de la poudre a fait adopter, et que les Vauban,

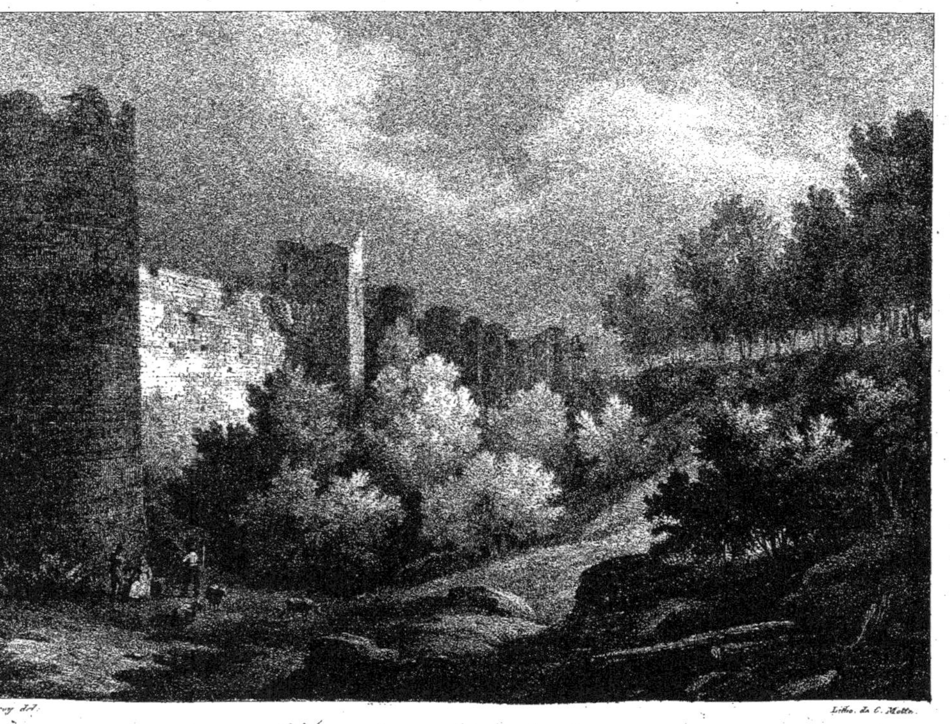

Deroy del. Litho. de C. Motte.

Vue de l'ensemble des fortifications.

Partie du sud-ouest.

les Blondel et les Montalembert ont perfectionnés, pour proportionner les moyens de défense à ceux d'attaque. A notre avis, ce doit être, aux yeux des personnes qui aiment à animer le présent par les souvenirs, un attrait de plus qui s'attache aux vieilles fortifications de Provins, dont les analogues ne se trouveraient plus que dans quelques villes du Midi de la France.

Pour juger de l'importance relative et de l'antiquité, sinon aussi reculée qu'on a pu le supposer, du moins très-éloignée de ces constructions, il suffit de les comparer aux murs et tourelles de la ville basse, construits vers 1250, et même aux petites fortifications, dont il reste quelques débris dans plusieurs petites villes de la même province (la Brie); telles que Coulommiers, Crécy, etc.

Ces débris, qui datent également des XIIe et XIIIe siècles, consistent en murailles fort ordinaires, plus ou moins compactes, qui formaient sans doute des remparts suffisans dans les guerres des grands vassaux, pour éviter la surprise d'un *gros de gens*, mais qui n'ont jamais pu soutenir un siége en forme; tandis que, dans la ville haute de Provins, tout paraissait combiné pour ce but, trop souvent atteint, ainsi que nous l'avons fait remarquer, en attribuant à cette *honorable* cause la décroissance successive et rapide de la prospérité de cette ville.

C'est ce qui est en outre démontré par la dénomination de quelques-unes de ces tours. Celle qui, dans les deux Vues, occupe le premier plan et forme l'angle de l'équerre, vis-à-vis le *Cours aux Bêtes*, se nomme encore *Tour aux Engins*, comme ayant servi à renfermer les machines de guerre destinées à lancer la mort sur les assiégeans, et, en cas de sortie, à couvrir et à protéger les attaques de répulsion, comme à faciliter les moyens de détruire les ouvrages ennemis. Cette tour a reçu depuis, dans le nom de *Tripet* [1], une désignation vulgaire, dont l'origine rappelle un souvenir trop répugnant pour que nous consacrions autrement ce nom dans cette Notice.

Dans la première Vue des fortifications, le prolongement des tournelles, depuis celle *aux Engins* jusqu'à celle *Fénéron*, comporte une série de tours rondes, carrées ou demi-circulaires, dont les noms, de tradition, sont tellement problématiques, qu'il serait superflu d'en grossir notre texte.

[1] Le corps d'un procureur de ce nom ayant été trouvé pendu et putréfié dans cette tour.

Le temps, cet assaillant à qui rien ne résiste, a pratiqué dans les murailles intermédiaires d'énormes brèches, dont l'une, de trente toises de long, est le résultat d'un éboulement spontané arrivé dans la nuit du 5 au 6 mars 1770. Le fracas fut tel, que, dans toute la ville, on crut éprouver un tremblement de terre.

Au centre de cette première ligne, à environ deux cent cinquante pas de la Tour aux Engins, on communique du dehors à l'intérieur par la porte de Jouy, autrefois couverte, ainsi que la porte Jaint-Jean, d'un clocheton pour la guette, que le temps et l'insouciance des autorités ont fait et laissé écrouler, avec la voûte qui le supportait. La rue qui communiquait de la porte de Jouy au palais des Comtes, subsiste encore, mais seulement jusqu'à la place du Châtel.

Dans l'autre direction, reproduite par la Vue qui fait partie de cette Livraison, à environ trois cents pas de la Tour aux Engins, on aperçoit, dans cette Vue même, la belle porte Saint-Jean, dont nous joignons une Vue particulière, prise du côté de la ville, en attendant la Vue intérieure, sur laquelle portera la Notice que nous réservons pour la IIIe Livraison.

La Tour aux Engins renferme deux vastes salles superposées, de douze pieds sous voûte, et de plus de cent pieds carrés dans œuvre, d'ailleurs bien éclairées par de larges créneaux ; elle pourrait, par conséquent, ainsi que la plupart des autres tourelles, servir à l'habitation ou à l'engrangement, et formerait, *à la rigueur,* une *belle* et *bonne* prison ; mais les locaux de ce genre sont si communs à Provins qu'on dédaigne de les employer : aussi ces salles spacieuses et salubres, qui seraient si bien utilisées partout ailleurs, sont-elles abandonnées à l'oiseau des nuits et à la fille de l'air, qui s'y dédommage du supplice que lui imposa la vengeance de Junon (de ne pas parler sans qu'on l'interrogeât) en répétant maintes fois les secrets qu'on lui confie [1].

C'est surtout du banc placé sur le boulevard Saulsoy [2], en face de la Tour aux Engins, que cet effet d'acoustique est assez curieux, par le ricochet du son de tourelle en tourelle.

[1] Son indiscrétion n'approche, cependant pas de celle des échos de Woodstock et de Coblentz, qui répétaient dix-sept fois chaque interpellation. Le docteur Plott ajoute même, quant au premier, que la nuit on pouvait compter jusqu'à vingt répétitions.

[2] Nom d'un maire très-zélé, qui fit planter ce boulevard.

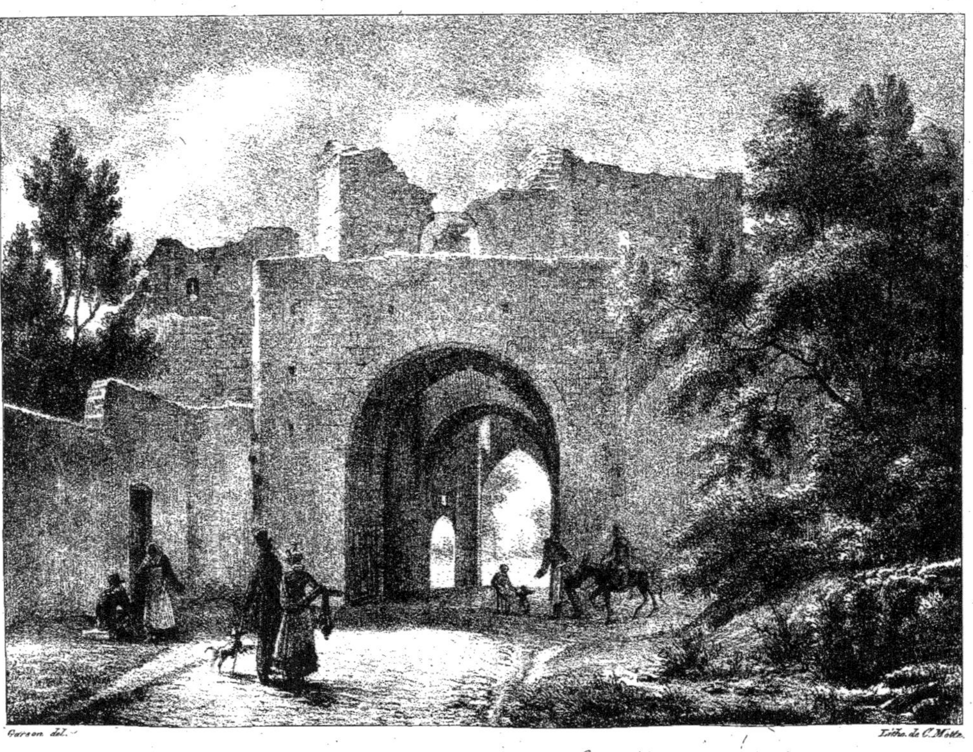

Garson del.

Litho. de C. Motte.

Vue extérieure de la porte Saint-Jean.

côté de la ville.

Nous concevons d'avance qu'en bornant ici notre description de cette partie des fortifications, nous laisserons beaucoup à desirer à un grand nombre de Provinois, qui nous attendaient à ce chapitre, pour juger du parti que nous prendrions dans la lutte polémique engagée sur la question de l'origine de ces constructions.

Nous aurions pu, sans doute, leur donner ce complément de satisfaction; cette question, à notre avis, ne touchant en rien à celle de l'*Agendicum*, qui resterait *entière*, lors même qu'il serait démontré que ces constructions sont d'une époque moderne, César ayant pu fortifier Provins sans qu'il fût de rigueur que ses propres fortifications subsistassent presque intactes depuis plus de dix-huit siècles; mais nous aimons mieux, par économie de temps et de phrases peu intéressantes pour la plupart de nos lecteurs, les renvoyer aux motifs de circonspection développés dans notre Avant-Propos.

Au moment où le vénérable et imperturbable M. Opoix, muni de nouveaux documens, annoncés pour la deuxième édition de son *Agendicum*, a retrempé ses forces, et va rentrer dans la lice avec la vigueur et la tenacité d'un jeune combattant, unies à l'expérience d'un athlète consommé qui connaît son terrain, il nous siérait mal, à nous étranger jusqu'ici à cette lutte, d'y intervenir, même par le concours de nos raisonnemens, dont il n'a que faire. Loin de chercher à pressentir ses démonstrations pour les appuyer, et à plus forte raison pour les combattre, ce qui serait pour nous une tâche difficile et pénible, nous nous complaisons à garder sur cette question une inviolable et prudente neutralité, sauf à nous précipiter ensuite, s'il y a lieu, au secours du vainqueur. Jusque-là, nous regretterons toujours que, pour augmenter les chances favorables de ce digne historiographe des antiquités de Provins, les constructeurs de ces belles masses, en faisant des travaux tout romains dans les pierres *diamantaires* de la porte Saint-Jean [1], n'aient pas arrondi tant soit peu les pointes d'ogives de cette même porte, et entremêlé ses assises de pierres de quelques chaînaux de briques,

> Afin que chacun pût, *à ces signes certains*,
> *Reconnaître* les murs des célèbres Romains.

[1] Diverses constructions romaines, existant encore dans le Midi, notamment à Grasse, en Provence, contiennent des pierres ainsi taillées.

VUE
PRISE A LA POTERNE FÉNÉRON;

PAR M. LÉOPOLD LEPRINCE.

La Tour Fénéron ou Faneron (du double nom d'un de ses gouverneurs), que la petite porte ici représentée lié par un retour d'angle avec les fortifications du nord-est, était encore dans un bel état de conservation, lorsqu'en 1656 la foudre en commença la ruine, en détruisant sa couverture en ardoise.

Le ceintre muré qu'on remarque à quelques pas de cette tour, en remontant vers la porte de Jouy, rappelle l'existence de l'ancienne *Porte au Pain*, qui, pendant les siéges, servait à l'introduction des *denrées*.

En 1820, des maçons qui réparaient cette muraille, retrouvèrent, dans son épaisseur, l'ancienne porte en bois. Ce fut une découverte, dans toute l'étendue du mot, pour les antiquaires de Provins, qui consacrèrent les fragmens les plus sains à la confection des manches des couteaux dont on fit usage dans un banquet académique.

On ne doit, sans doute, attribuer ce témoignage de vénération qu'à la commémoration des services rendus par cette Porte, comme mère nourricière de la ville haute ; les autres souvenirs qui s'y rattachent étant plus propres à échauffer la bile qu'à aiguiser l'appétit des descendans des de Giresme et des Simon de Jouy.

On peut se rappeler, en effet, que nous avons indiqué dans la Notice générale, cette Porte au Pain, comme ayant servi de passage aux Anglais, lorsqu'en 1432 les plus hardis l'eurent escaladée, au moyen d'échelles de cordes et d'intelligences intérieures.

Si on se représente ensuite les conséquences funestes de cette surprise

PROVINS.

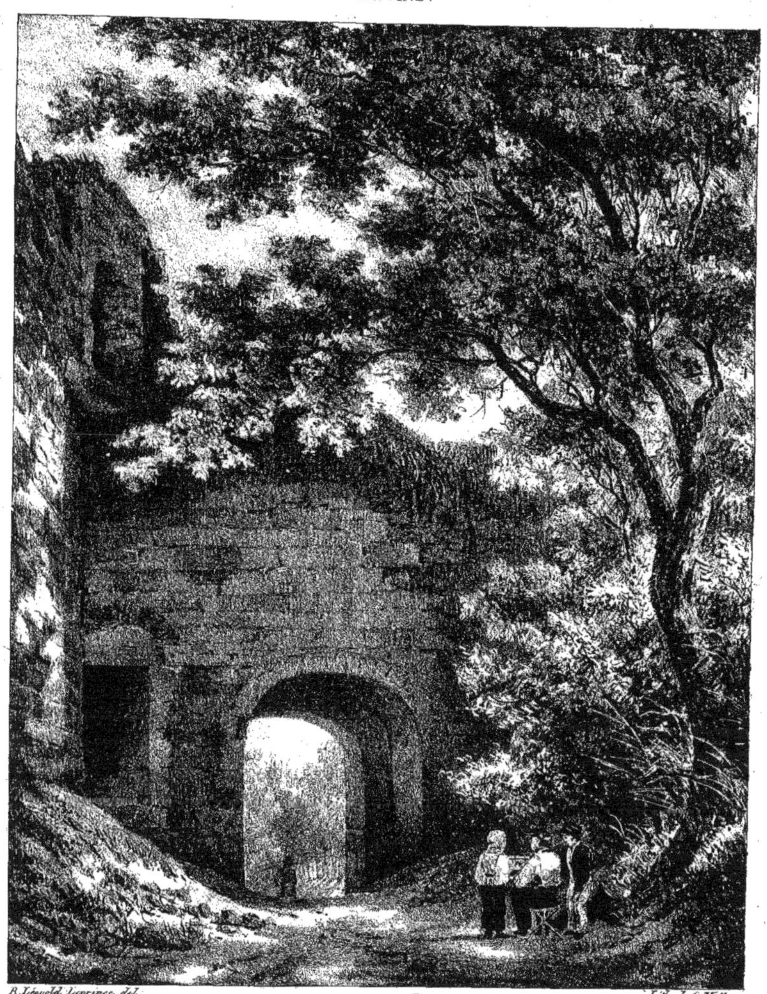

R. Léopold Leprince del. Litho. de C. Motte.

Vue de la poterne Faneron.

pour les habitans de Provins, dont les uns furent immolés dans l'église Saint-Ayoul, aux mânes de la garnison anglaise, précédemment décapitée, et tous les autres rançonnés, traités en esclaves, et réduits à porter la hotte et à travailler à la corvée, jusqu'à ce que le vaillant de Giresme vînt de nouveau les affranchir de ce joug, on conviendra, avec nous, que le genre de célébrité de cette Porte était plutôt propre à exciter les convives à la vengeance qu'à la gaîté.

L'allée d'arbres qu'on aperçoit ici, à travers la petite Porte ou Poterne Fénéron, commence la belle promenade qui enveloppe sans interruption la ville basse, depuis ce point (nord-ouest) jusqu'à la Porte de Paris (sud-ouest).

Cette partie des promenades était connue sous les divers noms de *Rempart des Grandes Planches, de la Porte-Neuve*, et *des Eaux minérales*. Les soins particuliers que le précédent maire, M. Laval, mit à compléter le système de plantation indiqué et exécuté en partie par l'abbé d'Aligre, a valu depuis peu, à cette belle promenade, le surnom de *Beau Rempart*, que personne ne lui contestera.

DEUX VUES:

L'UNE, DE LA GRANGE DES DIMES,

PARTIE SOUTERRAINE; PAR M. RENOUX;

L'AUTRE, D'UNE PARTIE DES CAVES DE L'HOTEL-DIEU;

PAR M. LESAINT.

Nous ne pouvons, pour la première de ces Vues, que renvoyer à la Notice de la Ire Livraison, où nous avons parlé de l'ensemble du monument dit *la Grange des Dîmes*, au sujet de la *Vue intérieure* de la partie de ce bâtiment qui se trouve au niveau du sol. Il nous paraît cependant utile d'ajouter ici, pour donner une idée bien exacte de cet ensemble, que la trappe à demi ouverte qu'on aperçoit au haut de l'escalier, est recouverte, dans la première Vue, par les planches qu'on remarque sur le premier plan, à droite; et que la différence dans l'aspect des deux portes, d'une architecture presque entièrement conforme, provient de ce que la première Vue est prise latéralement, et la deuxième, en face de la porte d'entrée.

Quant à la Cave du bâtiment de l'Hôtel-Dieu, affecté d'abord, et jusqu'en 1157, à la résidence des Comtesses de Blois et de Champagne, c'est pour nos descriptions un sujet presque neuf, et qui nous offrira l'occasion de passer en revue les souterrains voûtés de la ville haute, en rejetant sur la IIIe Livraison quelques notes relatives aux Étuves et à l'Hôtel des Monnaies, qui avoisinaient l'Hôtel-Dieu.

Nous n'arrêterons donc que superficiellement l'attention de nos lecteurs sur l'établissement que ces Caves supportent. Consacré à la douleur et à la misère, il ne nous offrirait que des tableaux déchirans, que la Religion, la science et la philantropie peuvent seules contempler avec calme et intérêt.

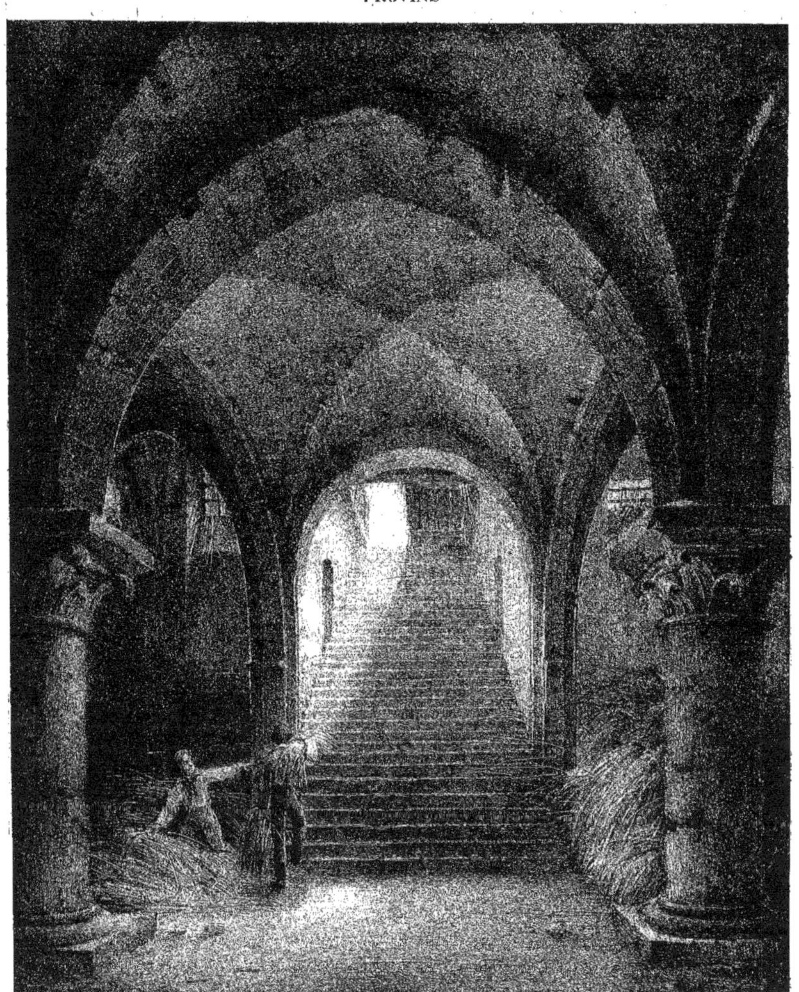

Renoux del. — Litho. de C. Motte

Vüe intérieure de la cave de la Grange des Dîmes

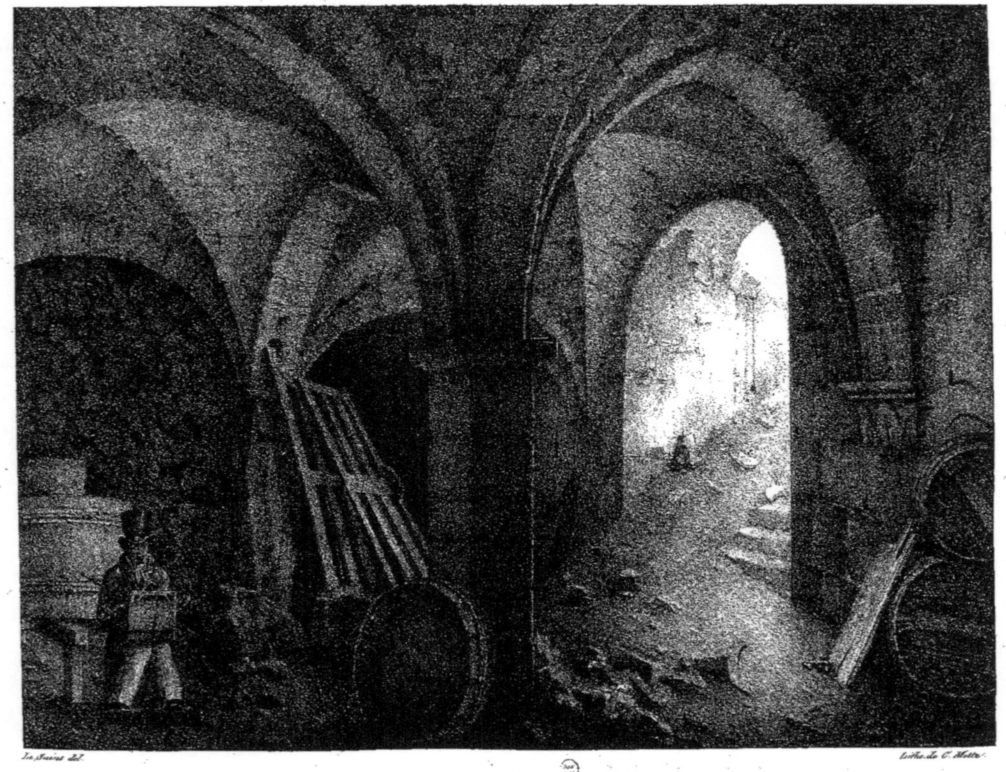

Le Jeuinc del. — Litho. de C. Motte.

Vue des caves de l'Hôtel-Dieu

Il est exact de dire cependant qu'on ne se doute pas de la triste destination de ce bâtiment, en circulant dans les dépendances, que les *amateurs* se bornent ordinairement à parcourir ; telles que la petite cour, dont le double escalier forme un si joli point de vue du dehors, la chapelle qui contient des vitraux du meilleur style [1], les souterrains, etc.

La sérénité et même la gaîté des sœurs hospitalières (dites *dames religieuses de Nevers*), qu'on y rencontre à chaque pas, indiquent plutôt un asile consacré au repos, que le vestibule du temple de la Mort.

La portion des Caves ici décrite commence les souterrains de la ville haute, qui règnent presque sans interruption sur ou sous un espace d'environ trente hectares, couvert de masures ou d'habitations dont les parties saillantes ne répondent nullement au luxe des fondations.

Les communications, qui, selon toute apparence, existaient entre ces divers caveaux, certainement créés d'un seul jet, ont dû être murées lorsque ce premier Provins, qui ne formait primitivement qu'un château (*Castrum Provini*), est devenu une ville. On dut alors diviser la surface du sol en propriétés particulières, et la nécessité de distinguer le *tien* du *mien* a converti en Caves séparées des souterrains spacieux qui probablement avaient une tout autre destination.

Rien n'est plus curieux, à notre avis, que la visite des Caves de la ville haute, qui, pour la plupart, sont même d'un meilleur goût que le berceau dont nous présentons l'aspect, étant, sur une élévation de douze à quinze pieds, garnies de colonnes ornées de chapiteaux ; aussi considérons-nous cette promenade souterraine comme devant être principalement annotée sur l'*agenda* des voyageurs.

Pour exciter d'autant plus leur curiosité, nous décrirons un de ces souterrains dont les abords sont tellement repoussans, que peut-être aurons-nous vainement engagé les amateurs à les franchir.

[1] Il existe en outre, dans une des nouvelles salles disposées à grands frais pour les malades, des vitraux fort curieux, représentant l'histoire de saint *Lié*, fils d'un tisserand des environs de Provins, martyrisé à l'âge de quatorze ans. S'attachant à la lettre de ce nom, dont l'étymologie (*lætus*) est bien différente de la signification qu'on lui prête, les paysans invoquent encore saint Lié pour les enfans *noués*.

Il y avait autrefois dans le clocher de l'Hôtel-Dieu un beffroi qui portait l'inscription suivante : *C'est Savoir qui m'a fait Savoir qui m'a fait faire.* Le mot de cette énigme est que deux frères du nom de Savoir : l'un prieur, l'autre charpentier, avaient fait construire et construit ce clocher.

Cette Cave sans emploi, dite le *Caveau du Saint-Esprit*, et qui appartenait à l'ancien Hospice, où les pélerins furent transférés en quittant Saint-Jacques, longe la rue de Jouy. On y entre, d'un côté, par un escalier pratiqué près d'un puits, nommé le *Puits salé*, et, de l'autre, par une porte qui offre un accès plus facile, de plein-pied. Dans son étendue de cent vingt pieds sur quarante, on compte vingt colonnes, garnies de chapiteaux, placées sur deux rangs et formant trois séries d'arcades, et vingt-huit pilastres engagés dans le mur, qui soutiennent, au pourtour, des arcades en ogives.

Ajoutez du soleil, et *voyez* si beaucoup de péristiles et de galeries renommés l'emportent sur cette Cave, pour l'élégance et la solidité de la construction.

L'accueil qu'on y peut espérer de ses habitans, reptiles ou animaux malfaisans, qui nous sauront peut-être mauvais gré du soin que nous prenons de les tirer de leur obscurité, n'est sans doute pas des plus engageans ; mais, à cela près, tandis que le vulgaire ose à peine sonder d'un coup d'œil l'aspect et l'étendue de ces souterrains, à travers les décombres et les immondices qui en obstruent l'entrée, l'amateur qui, pour justifier ce titre, doit unir l'intrépidité à la curiosité, se lance tête baissée dans leur vaste profondeur, en dépit des sifflemens des hôtes de ces repaires, dont il trouble la tranquille possession ; ajoutant ainsi au plaisir que va lui offrir la contemplation de cette belle colonnade, celui de devoir cet aspect à sa tenacité courageuse. Ainsi s'achètent presque toutes nos jouissances, qu'accroissent les obstacles et les difficultés. C'est une de nos faiblesses humaines, et plus qu'humaines ; car Ovide en gratifie Jupiter lui-même, en supposant que sa passion pour Danaé naquit de l'obstacle que lui présentait la tour d'airain qui renfermait cette beauté.

Si nunquam Danaën habuisset ahenea turris
Non esset Danaë de jove facta parens.

PROVINS.

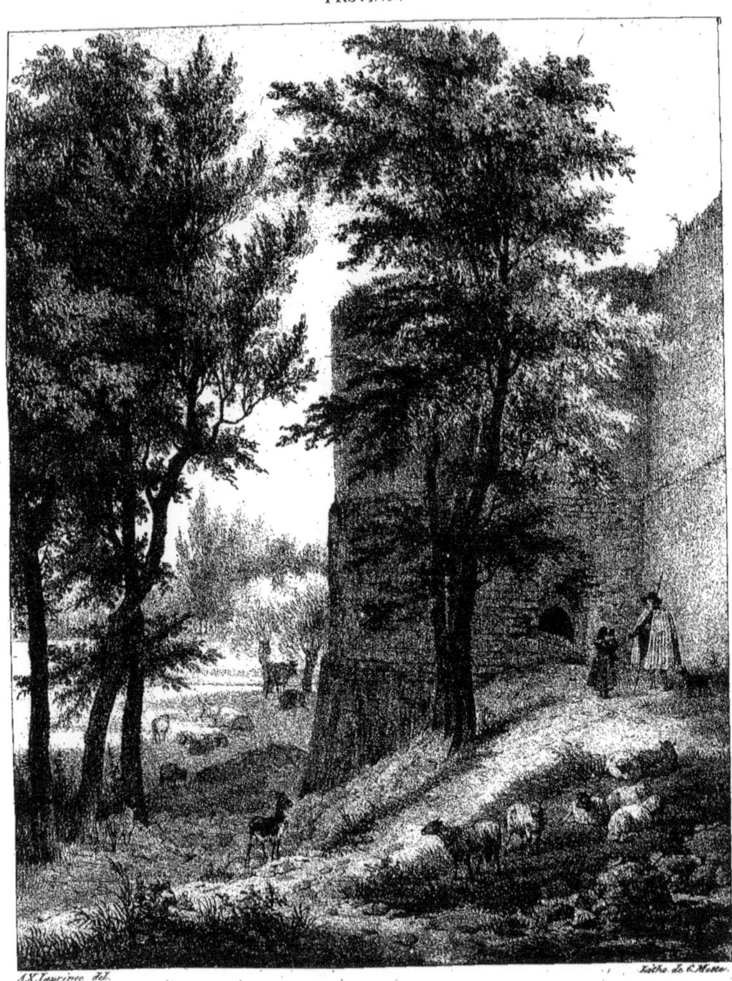

A.X. Leprince del. — Litho. de C. Motte.

Vüe de la partie des fortifications, dite le trou du chat.

VUE

DE LA PARTIE DES FORTIFICATIONS

DITE LE TROU DU CHAT;

PAR M. XAVIER LEPRINCE.

Ce n'est qu'à raison de son effet pittoresque, assez piquant, que ce point de Vue a été choisi comme sujet d'une planche; la tourelle en ruines qui occupe la droite, tenant à l'enceinte de la ville basse, et par conséquent à un système de fortifications purement *d'octroi*.

Nous ignorons à quelle particularité ce lieu doit sa singulière dénomination de *Trou du Chat*; mais, à défaut de témoignages plus authentiques, on peut supposer qu'il tire son origine de l'espèce de *chatière* qu'on aperçoit dans la tourelle. Le temps aura agrandi cette brèche, sans lui faire perdre sa désignation primitive.

Les prés et les arbres qu'on entrevoit dans le fond, bordent la rivière du *Durtein*, qui prend sa source ou ses sources (car elles sont en grand nombre), à trois quarts de lieue de ce point.

Si nous voulions nous arrêter à des traditions vulgaires, et chercher des effets avant tout, nous répéterions ce qui nous a été raconté des apparitions diaboliques dont la Tour du Trou du Chat fut le théâtre, à l'occasion d'une maladie qui régnait, en 1812, sur les troupeaux des environs; nous montrerions le démon en personne, évoqué dans ce lieu par une de ses familières (la femme Lemoine) et par un berger (qu'on se rassure, ce n'est pas celui que M. X. Leprince a placé en sentinelle à sa porte), s'y montrant à plusieurs reprises dans toute sa gloire, au milieu des flammes du Bengale et d'étoupes enduites d'esprit de vin, et confondant les plus incrédules par les démonstrations palpables de son existence, devenue d'autant plus évidente, qu'une demande de vingt-cinq louis, sous menace d'enlèvement, ayant fait jeter les hauts cris à une bonne fermière, ce Belzébut d'emprunt, à qui la sorcière avait mis le diable au corps, se vit obligé de troquer l'enfer contre la prison.

Sa détention fut, dit-on, de courte durée, le geolier n'ayant pu résister aux exorcismes qu'on employa.

Nous pourrions ajouter à l'esquisse de cette représentation fantasmagorique, des détails puisés dans un procès jugé à Provins en juillet 1818, et dans lequel le diable, qui avait sans doute négligé de visiter et d'influencer ses juges, eut le dessous. La même femme Lemoine, qui agissait toujours pour lui, ayant été condamnée, pour manœuvres frauduleuses, à cinq ans de prison, 3000 fr. d'amende et dix ans d'une surveillance, à laquelle cette pythonisse du Trou du Chat saura sans doute se soustraire par ses enchantemens [1]; mais n'étant rien moins que familiarisé avec les secrets de la *magie noire*, qui devait l'être encore davantage dans cette ruine *obscure*, nous craindrions de nous faire prendre à partie, ou par le diable, que nous laissons pour ce qu'il vaut, ou par le peuple provinois, dont nous serions disposé à respecter même les faiblesses, ainsi que nous le prouverons dans une petite dissertation sur la superstition, qui trouvera sa place dans la description du monument de Thibault V.

Nous croyons donc devoir couper court à des récits épouvantables, capables de jeter de la défaveur sur le joli site que nous décrivons, et de rendre bientôt cette tourelle passagère, aussi déserte que tel vieux donjon réputé le séjour des esprits ou du moins des faux monnoyeurs, et dont la peur éloigne peut-être jusqu'aux intrépides chevaliers de la bande noire, peu accoutumés cependant à reculer devant des pierres.

[1] Une des particularités de ce procès, intenté par une fille de trente ans, nommée Emilie, qui, après avoir été séduite par un domestique, se laissa abuser par la femme Lemoine, était l'acquisition, à 20 fr. par tête, de toutes les entrées ou sorties de la ville (et le Trou du Chat était du nombre), pour empêcher le séducteur de s'échapper. D'autres sommes d'argent furent données par Émilie pour faire *brider* la fille *Frou*, sa rivale, pour l'enterrement d'Émilie avec son amant, comme moyen de réunion, pour le transport entre quatre chemins du cercueil payé par cette malheureuse fille, qui vola à ses maîtres les draps destinés à servir de linceuls, pour l'achat de deux poules noires (accessoire indispensable de la nécromance), et d'une bouteille d'eau-de-vie, pour deux appels et une évocation nocturne, précédée du dépôt d'une feuille de papier vierge sur la pierre sacrée de Sainte-Croix, etc. Toutes ces circonstances furent attestées par les débats, qui n'auraient pu s'ouvrir, si, au préalable, on n'eût démontré à Émilie, tombée sans connaissance à la seule vue de son enchanteresse, que le pouvoir de cette dernière n'allait pas, ainsi qu'elle en avait flatté tout récemment sa dupe, jusqu'à arrêter les paroles sur les *lèvres* d'un procureur du Roi.

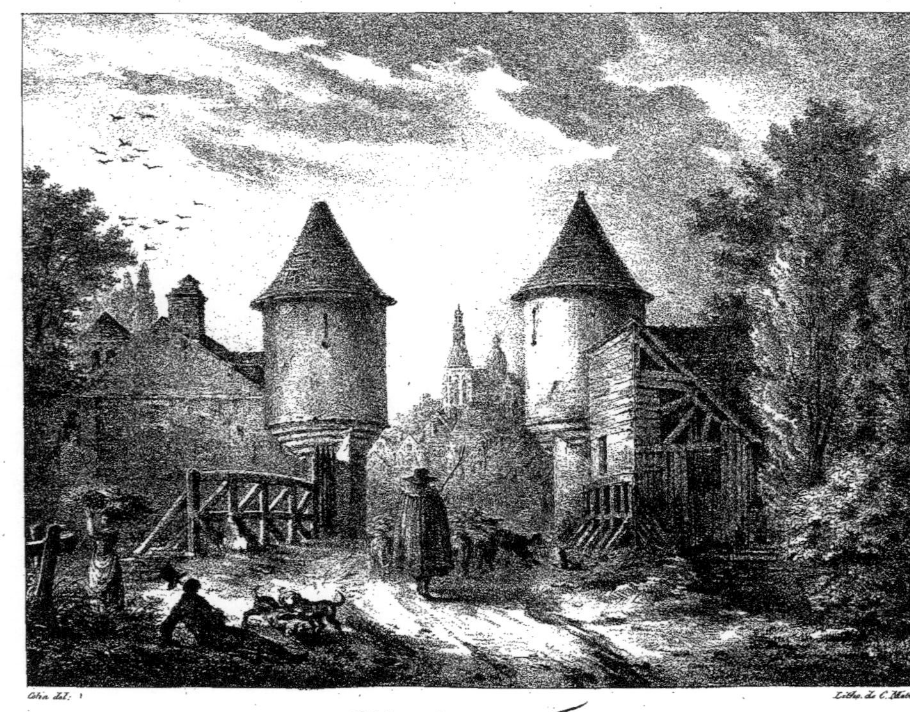

Colin del.   Litho. de C. Motte.

Vue de la porte de Troyes.

VUE
DE LA PORTE DE TROYES;

PAR M. COLIN.

Les deux petites tourelles qui subsistent encore, ne sont que les débris de l'ancienne Porte carrée, que surmontait un corps-de-garde[1].

La construction de cette Porte devait dater, comme celle des murailles de la ville basse, du milieu du XIIIe siècle.

L'ancienne route de Troyes, qui a été abandonnée pour celle qu'on suit aujourd'hui, commençait à cette Porte par une chaussée presque impraticable, lorsqu'en 1680 l'abbé d'Aligre y fit conduire, à ses frais, plus de deux mille voitures de pierres. La plantation des remparts de la Butte, des Grandes Planches et de la Porte Neuve, dont les arbres ont été abattus en 1757, et replantés quelques années plus tard, date à peu près de la même époque. Ce généreux prélat, à qui l'autorité municipale avait pour ainsi dire délégué ses fonctions, et principalement ses charges, dirigea toutes ces plantations en personne, après avoir, au préalable, remis la ville en possession des terrains que l'insouciance de l'autorité avait laissé usurper. La pioche en main ou la hotte sur le dos, à la fois ouvrier et directeur des travaux, il centuplait, par son exemple, le zèle et l'activité des journaliers.

[1] Ce corps-de-garde servait, il y a environ quarante ans, d'amphithéâtre de dissection. On se souvient encore, à Provins, d'une séance anatomique où la femme du lieutenant des eaux et forêts, jeune américaine, douée d'*ailleurs* des qualités de son sexe, y fit preuve de l'impassibilité philosophique, alors fort à la mode, et que les belles de ce temps savaient fort bien concilier, ainsi que le font quelques-unes du nôtre, avec leurs alarmes, à l'aspect de leur *chien qui jappe épouvanté*, et leurs larmes à la vue d'un *papillon souffrant*. Mme A**, loin de reculer d'effroi à ce spectacle hideux, dont elle avait voulu se *passer la fantaisie*, le suivit, et de très-près, dans tous ses développemens, sur *un sujet de choix*, et qui parut lui faire passer *très-agréablement une heure ou deux*. Quand Salomon s'écriait *mulierem fertam quis inveniet?* Que ne s'adressait-il aux *Américains!*....

La nomenclature de tous les travaux auxquels s'attache le nom de l'abbé d'Aligre, remplirait à elle seule un ouvrage plus étendu que le nôtre. Déjà nous en avons énuméré un grand nombre dans la Ire Livraison ; contentons-nous d'y ajouter ici la construction du chemin de la Porte Cul-Oison, à l'*Ermitage* [1]. La fontaine du quartier Changy, aussi intarissable que la bienfaisance de son créateur, dont elle porte le nom, le rétablissement à grands frais des fontaines de la rue aux Juifs, des Jacobins, de l'Hôtel-Dieu, de Saint-Ayoul, de la Boucherie, du Val des Cordeliers, de la rue aux Aulx, etc. ; dépenses qui n'empêchaient pas l'abbé d'Aligre de distribuer chaque année près de 10,000 fr. aux nécessiteux, indépendamment des cas fortuits et des aumônes particulières.

Malgré sa constante sollicitude pour les intérêts de la ville et pour ses habitans, et malgré sa vie austère, entièrement consacrée au bien et au soulagement de l'infortune, l'abbé d'Aligre ne fut pas à l'abri de la calomnie. Son inflexibilité à l'égard des mauvais prêtres, et quelques mesures rigoureuses, rendues indispensables, lui suscitèrent des ennemis ; mais les traits lancés contre lui s'émoussèrent sur cette âme pure et inaccessible aux menaces, sans laisser plus de vestiges que les *dards, qu'au dire de Montaigne « les Thraces dirigent contre le Ciel, d'une vengeance titanienne, quand » il tonne ou esclaire, pour renger Dieu à raison à coup de flèches.* »

Puisque nous nous occupons des travaux de la ville basse, et que, selon l'énergique expression de Mme de Sévigné, *ce que nous voyons aujourd'hui sera l'histoire un jour,* pourquoi n'épargnerions-nous pas quelques recherches à cette enregistreuse, en disant un mot d'entreprises importantes et non moins précieuses pour la ville, que celles dont nous venons de parler. Divers travaux qui s'exécutent ou se préparent, en signalant d'une manière très-satisfaisante les commencemens de la Mairie de M. de l'Épinois, indiquent ce qu'on peut se promettre, pour l'avenir, des dispositions d'un fonctionnaire aussi zélé que recommandable par son goût éclairé pour les arts et pour les sciences utiles.

Déjà l'Hôtel-Dieu doit, en partie, à ses soins et à ses connaissances en architecture, une disposition de salles et de localités accessoires, faite à

[1] Cette petite maison de plaisance, qui était autrefois l'hôtel des Templiers, après avoir servi de résidence au commandeur de Giresme, puis, vers 1780, de retraite à un ermite nommé frère Hilarion, est aujourd'hui, grâce à l'urbanité de son propriétaire, M. Opoix, le Tivoli de Provins.

grands frais, sans doute, mais aussi bien autrement avantageuse que la précédente; et bientôt, on l'espère du moins, la ville possédera, dans de vastes casernes, les moyens de vivifier sa solitude par le séjour d'un régiment de cavalerie, impatiemment attendu par les Provinois, et même, sans médisance, par les Provinoises. L'extension de la consommation utilisera alors les produits du sol et de l'industrie des habitans, pour qui l'abondance des ressources tirées d'eux-mêmes devenait pauvreté, à raison du défaut de débouché du superflu, et, par suite, de la rareté du numéraire indispensable pour les objets du dehors.

Nous terminerons cette Notice, comme la *Vue* qui s'y rapporte, par la tour qu'on aperçoit dans le fond.

Cette Tour isolée, qui sert aujourd'hui de clocher à Saint-Ayoul, tenait à l'église de Notre-Dame-du-Val, qui fut démolie il y a trente ans. On a conservé les devis et marchés relatifs à cette construction, de bon goût et d'une grande solidité, commencée en 1541, et terminée en 1545. Le prix total ne s'éleva pas à 1,400 livres, somme que dépasserait aujourd'hui l'élévation du moindre kiosque anglo-chinois. Le devis primitif ne s'élevait qu'à 1,200 livres, mais l'entrepreneur étant mort lorsque sept toises d'élévation restaient encore à faire, il fut payé, pour ce complément, 331 livres 2 sous 7 deniers. Les ouvriers gagnaient 2 sous 6 deniers par jour.

Le marc d'argent était alors à 14 livres; quadruplons la somme, pour établir la comparaison avec les prix actuels, et nous nous trouverons encore bien loin de compte.

La progression des besoins en tous genres, même de la classe industrieuse, et l'abondance, par suite de l'exploitation des mines d'Amérique, d'un métal encore fort rare en 1540, complètent l'explication.

PLANCHE DE DÉTAILS;

PORTION DE FRISES ET SCULPTURES

DE LA BIBLIOTHÈQUE;

PAR M. RENOUX.

Le funeste incendie du mois de janvier 1821, en convertissant en décombres le beau monument qui servait d'Hôtel-de-Ville et de Bibliothèque publique à Provins [1], a fait éprouver à cette ville une perte bien sensible sous divers rapports.

Ce monument, où tout était sacrifié au dehors, l'intérieur ne comprenant que trois salles fort ordinaires, servait autrefois, dit-on, d'arsenal. Si ce fut sa première destination, on peut s'étonner que rien ne l'ait indiquée dans les ornemens extérieurs exécutés à une époque où la sculpture était essentiellement parlante, par attributs ou par emblèmes.

Cette époque même, quoique précisée dans les titres et dans les manuscrits de la ville, se trouvait assez évidemment écrite dans les sculptures dont toute la façade était surchargée.

En voyant à côté des armes de la ville, reproduites exactement, *au lion* près [2], sur la couverture de la première livraison, celles d'Anne de Bretagne, entourées d'un cordon de veuve, on ne pouvait douter que ce monument n'eût été commencé vers la fin du XVe siècle, sous les auspices de cette

[1] La Bibliothèque, proprement dite, provenait de l'abbaye Saint-Jacques. Elle contenait plus de dix mille volumes et beaucoup de manuscrits. C'était une fondation de l'abbé d'Aligre.

[2] Nous avons fait ajouter le lion qui figure dans les nouvelles armoiries accordées à la ville de Provins.

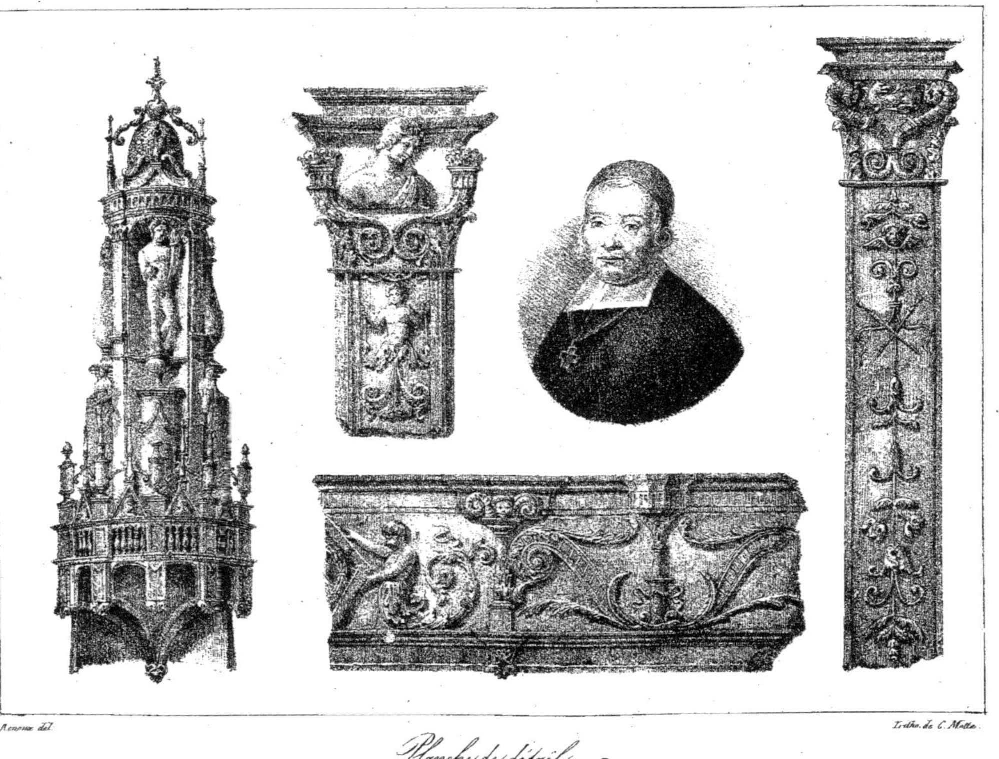

Renoux del.

Litho. de C. Motte.

Planche de détails.

épouse de deux de nos rois, qui, célèbre par ses vertus, par son grand caractère, par ses libéralités bien entendues et par son goût pour les arts, se distingua encore par l'éclat de sa douleur et par le luxe de son deuil, lors de la mort de Charles VIII, arrivée le 7 avril 1498 [1].

Son veuvage ayant cessé neuf mois plus tard (le 8 janvier 1499), par son mariage avec Louis XII qu'elle précéda au tombeau, on peut penser que c'est dans ce court intervalle de temps qu'aura été au moins conçu le plan de ce bâtiment achevé vingt-cinq ou trente ans plus tard, sous François Ier; ce qu'indique encore aussi exactement que le parchemin le plus authentique, la salamandre qu'on remarquait dans la partie supérieure des ornemens.

Il résulterait de ces indications que ce bâtiment, dont nous n'avons malheureusement que les ruines à décrire, serait un des premiers monumens de l'époque dite de la renaissance, et qu'il aurait précédé en France les belles constructions d'un goût semblable, mais plus épuré encore, telles que Chambord, Fontainebleau, Madrid, Gaillon, Anet, etc., et même la jolie petite maison de Moret, dont nous avons parlé dans notre Prospectus, et qui nous arrive, presque toute d'une pièce, comme pour justifier nos éloges [2].

Nous ne pouvons donc, en conscience, mettre la construction et les sculptures du bâtiment que nous décrivons sur le compte des grands artistes du XVIe siècle, qui se partagent la gloire d'avoir embelli la France de tant

[1] Cette reine, qui avait apporté en dot le duché de Bretagne, conserva, comme fit Jeanne de Navarre lorsqu'elle réunit à la couronne de France le comté de Brie et de Champagne, l'administration de ses États particuliers. A titre de souveraine de Bretagne, elle avait ses gardes et ses gentilshommes, et donnait audience aux ambassadeurs en son nom; exerçant ainsi dans le royaume une souveraineté, *en terme de budget, générale et spéciale*. Ceci explique comment elle aura pu, même du vivant de Louis XII, attacher son nom et ses armoiries à un monument municipal.

On peut juger de son goût pour les arts en consultant à la Bibliothèque du Roi le manuscrit de son livre d'Heures, qui contient une immense quantité de dessins de bon goût relatifs, en général, aux travaux et aux produits de l'agriculture.

On sait que ce fut la première reine de France qui porta en noir le deuil que les souveraines avaient jusque-là porté en blanc.

[2] Elle sera placée aux Champs-Elysées, dans un nouveau quartier qui portera le nom du beau siècle, auquel cette construction appartient.

de monumens remarquables, réduits aujourd'hui à un si petit nombre. Primatice, Pierre Lescot, Jean Bullant, Philibert de Lorme, non plus que Bontems, Jean Joujon, Germain Pillon, etc., n'ont pas besoin de ce titre pour être à jamais célèbres. Ne craignons donc point de le restituer à qui il appartient, en attribuant au moins le dessin et le commencement d'exécution de cette façade à quelques artistes *obscurs*, que Charles VIII, ou Louis XII, qui ont porté l'un et l'autre la guerre en Italie, pour la conquête ou la défense de ce fameux Milanez, qui joue un si grand rôle dans la politique de ce temps, auront fait venir de ce beau pays où les arts étaient déjà en grand honneur sous le pontificat de Jules II. Ces artistes, qui n'ont pas laissé de nom, auraient ainsi donné l'avant-goût de cette élégante architecture si habilement et si abondamment employée quelques années plus tard sous l'influence éclairée du grand Monarque, qui dut aux arts, ainsi que Léon X, dont il se montra l'émule, la gloire de donner son nom à son siècle.

Si les sculptures d'ornemens qui étaient prodiguées dans cette façade, peut-être outre mesure, mais toutefois sans confusion, ne le cédaient en rien aux ouvrages analogues des monumens dont nous avons parlé, quant à la pureté des lignes, au gracieux agencement des rinceaux, et à l'élégance des compositions de la frise, des culs-de-lampes et des pilastres, il n'en était pas de même des figures entières qui n'étaient nullement à comparer avec les ouvrages de Goujon ou de son École. Un style lourd et une composition sans grâce rappelaient trop le faire gothique, bien plus heureusement intercalé dans les jolis clochetons qui servaient de niches à ces statues. Cette intercalation est une preuve du goût des artistes italiens qui surent ainsi marier l'élégance des formes, et quelquefois la hardiesse de l'architecture du moyen âge, à laquelle on refuse injustement, selon nous, le nom d'*ordre*, avec la sévérité des lignes presque grecques des belles compositions de Bramante et de Palladio.

La considération que ce monument remonterait à la première époque de la restauration des arts en France, et formerait par conséquent l'un des premiers liens des deux styles, devrait ajouter aux regrets que fait éprouver sa destruction qui enlève les moyens de comparer les essais dans ce genre avec leurs développemens. C'est un des plus agréables passe-temps dans l'étude des arts que la comparaison des travaux des maîtres avec les perfectionnemens des élèves. On aime à voir le point de départ en même temps que le but; aussi, dans nos musées, le voisinage d'un tableau du Perrugin ajoute-t-il à l'intérêt, et surtout à l'étonnement qu'inspire un chef-d'œuvre de Raphaël.

On nous saura peut-être gré d'avoir réservé une petite place au milieu de ces bas reliefs, pour la reproduction des traits du généreux abbé d'Aligre, créateur de la Bibliothèque incendiée. Ainsi sera en partie réparée la perte du portrait placé dans la salle principale de cet établissement. Que ne nous est-il donné d'étendre cette réparation aux autres désastres occasionés par cet incendie!

CUL-DE-LAMPE.

MONUMENT DE THIBAULT V,

PAR M. COLIN.

L'HÔPITAL GÉNÉRAL, autrefois couvent des dames Cordelières, dont l'église renferme ce petit monument, étant séparé de Provins par une vallée, et ne pouvant, par ce motif, faire partie des Vues *intrà muros* que nous publions, nous profiterons de cette Notice pour rappeler quelques circonstances relatives à cet Établissement.

Fondé par Thibault IV, sur l'emplacement, et d'après le plan que sainte Catherine lui traça, dans un songe, avec une épée, le couvent des dames Cordelières, qui n'a été converti en Hôpital général qu'en 1748, était occupé par ces religieuses, lorsqu'au mois d'août 1592, Henri IV, venant assiéger Provins pour la seconde fois, établit son quartier-général dans cette maison spacieuse, qui, placée en face de la ville haute, domine la ville basse, dans la direction opposée.

Conciliant les intérêts de sa cause avec les égards dus à des femmes sans défense, ce roi chevalier, chez qui la galanterie n'excluait pas la loyauté, s'efforça de calmer l'épouvante qu'éprouvèrent, à l'aspect d'une occupation militaire, ces timides récluses, instruites dès-lors, et par conséquent effrayées de la triple réputation de leur conquérant.

La difficulté était d'autant plus grande, qu'un Huguenot, et Henri IV l'était alors, leur présentait l'image d'un démon sur terre.

Henri fit généreusement les honneurs d'un local qui lui appartenait par droit de conquête. Il laissa aux dames, en interceptant toute communication, la libre disposition des *dortoirs*, du réfectoire et de l'église, et ne conserva, pour lui et pour sa suite, que les bâtimens surabondans.

De son logement, qui est aujourd'hui la menuiserie de l'Hôpital, ce roi vaillant se trouvait en première ligne pour diriger les opérations du siége, comme pour essuyer le feu des assiégés; aussi raconte-t-on qu'un boulet, parti de la grosse pièce des vignerons, qu'on avait placée près Notre-Dame du Château, vint frapper dans ce pavillon et y tua quelques gardes pendant le dîner d'Henri, qui reçut cet *envoyé extraordinaire*, le verre à la main. On cite, à ce sujet, l'exclamation franche et rien moins que fanfaronne du roi, lorsqu'il apprit que le coup était dirigé par les vignerons : « Ventre » saint-gris, quels vignerons! tirons-nous d'ici, il n'y fait pas bon. » Il se retira, en effet, au quartier du Mont-Jubert, en disant qu'il ferait *pendre* tous les vignerons; menace qui, lors de la capitulation du 4 septembre, se convertit, pour eux, en un accueil dont ces braves gens se montrèrent pénétrés. C'est ainsi que, dans les cœurs droits, l'emportement, par un effet, dit Senèque, semblable à celui de la piqûre de l'abeille, dont l'aiguillon se rompt au premier usage qu'elle en fait, est presque toujours une preuve d'indulgence et de bonté ultérieures.

Dans sa nouvelle destination, l'Hôpital général, où l'on reçoit les vieillards et les enfans trouvés, est, pour Provins et pour ses environs, un véritable asile de la Providence, administré avec soin et désintéressement par des notables de la ville, réunis en conseil des hospices, et dirigé avec un zèle bien méritoire par de dignes sœurs, entièrement vouées au culte de l'humanité.

C'est là, qu'à côté de la vieillesse caduque, traînant un reste d'existence prolongée par une vie saine et exempte de soucis, on voit l'enfance turbulente, mais docile, riche *seulement* d'un long avenir, commencer sa vie sous de tristes auspices, sans doute, mais du moins avec tous les dédommagemens qu'il était possible de lui offrir, les soins, les principes, et les exemples.

De la salle d'où part ce râle d'un vieillard moribond, qui cède enfin au poids des années, on entend les cris de l'enfant nouveau-né, qu'une main furtive vient de déposer dans le tour, confident discret d'un mystère que la Religion et les mœurs condamnent à juste titre, mais que l'humanité ne cherche pas à éclaircir.

Abandonné des auteurs de ses jours, que la débauche ou la misère portent, j'allais dire obligent, à renoncer au plus beau titre, cet être sans nom, privé de ses appuis naturels, trouvera chez des *étrangères* des soins qu'il n'eût peut-être pas obtenus sous le toit paternel. Il ne balbutiera pas le nom de père; mais celui si doux de mère naîtra bientôt sur ses lèvres, comme inspiré par la reconnaissance, et appliqué, non à la créature barbare ou infortunée qui s'est jugée indigne de l'entendre, mais à celles qui l'auront conquis par une généreuse adoption, en déversant sur le rebut des autres les affections dont elles se sont privées pour leur compte.

Il faut voir, aux heures des récréations, cette troupe bruyante d'enfans des deux sexes, uniformément vêtus, se livrant aux jeux de leur âge avec une adresse et une vigueur qu'excluent trop souvent les éducations soignées. Leurs physionomies, en général assez spirituelles, et que viennent étudier les Lavater de Provins, pour y chercher des ressemblances, ne portent pas le germe des soucis que procurera, plus tard, à ces êtres délaissés, la connaissance de leur abaissement social et de leur isolement sur terre.

En attendant, ils puisent, dans les leçons des sœurs, des principes d'éducation, de religion et de soumission, qui pourront garantir quelque temps cette maison du propagandisme des révolutions scholastiques, qui trop souvent transforment, chez nous, les lieux consacrés à l'étude en champ de bataille, où des Gracchus et des Mazaniels de dix ans, impatiens d'un joug aussi trop despotique, préludent, par la manifestation d'une énergie guerrière, au développement de leur courage civil, et à la célébrité qui les attend, comme publicistes, quatre ou cinq ans plus tard.

Le cloître qui sert aux ébats de cette jeunesse, nous *ramène presque naturellement* aux portes de l'église qui contient le petit monument que nous devons décrire.

Considéré comme objet d'art, ce monument n'est rien moins que remarquable. Sa forme est bizarre et sans grâce, et ses sculptures d'un ajustement assez commun; il ne frappe que par son originalité, et surtout par les idées qui s'y rattachent. Du sommet de sa toiture, garnie de lames de bronze, on aperçoit, à travers une boule en cristal de roche, une pierre peinte en rouge, figurant un cœur mobile dans une capsule de bronze : c'est l'image *sensible* de l'organe conservé dans ce monument qui contient le cœur embaumé de Thibault V, fils du comte Thibault IV, le plus célèbre des souverains de Provins.

En mourant à Trapani, en Sicile, à son retour des croisades, en décembre 1270, Thibault V légua son corps aux Cordelières de Provins, et son cœur, par une marque d'affection particulière, au couvent des Jacobins, qu'il avait fondé à grands frais [1].

Cette triste et dernière volonté fut exécutée personnellement par la comtesse Isabelle, son épouse, qui, nouvelle Cornélie, revint chargée de ces funèbres dépouilles, réunies à celles de saint Louis, son père, mort à Tunis quatre mois avant Thibault V.

Depuis trois cent cinquante ans ce cœur reposait, enfermé dans une simple boîte de plomb, au milieu du sanctuaire des Jacobins, lorsqu'en 1647 un prieur zélé de ce couvent, l'enferma dans le monument dont il s'agit, sur lequel on lit cette inscription en lettres gothiques, empruntée sans doute

[1] Les dépenses dans lesquelles cette fondation entraîna Thibault V, furent telles, que saint Louis, son peau-père, lui en fit un scrupule de conscience. Joinville rapporte à ce sujet : « qu'il feut chargé » de dire de par lui au roi Thibault, son fils, qu'il se prausist de garde de ce qu'il faisoit, et qu'il » ne encombrast son asme, cuidant estre quite des grans deniers qu'il donnoit et laissoit à la maison » des frères prescheurs de Provins. »

à la première enveloppe ; car elle ne rappelle ni le style, ni l'ortographe d'une époque où Pascal et Racine écrivaient :

Ici gist le Gantien quer le Roi Tiebaut, Roi de Navarre queins, palatins de Champoigne et de Brie.

En 1791, par suite de la vente du couvent des Jacobins, la municipalité fit transporter avec pompe ce monument dans l'église des Cordelières, pour réunir *à perpétuité*, c'est le terme du procès-verbal, le cœur de ce prince au corps dont il avait été si long-temps séparé.

Cette *perpétuité* dura jusqu'en 1794. A cette époque de délire, qu'on voudrait vainement pouvoir oublier, et par une conséquence *naturelle* de la violation des caveaux de Saint-Denis, des hordes de Cannibales, n'écoutant qu'une rage aveugle ou le plus sordide intérêt, se ruèrent sur les cadavres putréfiés renfermés dans les tombes de ce couvent, comme si le spectacle de leurs victimes sanglantes n'eût pas suffi pour assouvir leur férocité.

Les corps de Thibault IV, de Thibault V, d'Isabelle et de leurs enfans, arrachés de leur cercueil de plomb, subirent le sort des restes d'Henri IV et de Louis XIV. Ils furent jetés dans un canal fangeux.

Le seul cœur de Thibault V, grâce à la possibilité de transporter le monument qui le contenait, et au zèle courageux du chapelain du couvent, M. l'abbé Choiselat (le Descloseaux de Provins), échappa aux affreuses recherches des Vampires révolutionnaires, qui ne purent, à leur grand regret, se repaître de cette proie.

Si nous écrivions vingt ans plus tard, nous pourrions citer des noms qui, après avoir figuré, en 1791, sur le procès-verbal respectueux de translation de ces restes, alors *vénérés*, se retrouvent dans les actes qui consacrent la *glorieuse* dévastation et la spoliation des tombes, et célèbrent comme témoignage de patriotisme de la part de ces misérables, l'insulte aux cendres de leurs ancêtres et de leurs bienfaiteurs, monumens d'un respect universel, même chez les peuples sauvages.

Les idées saines ayant prévalu sur le triomphe, heureusement toujours passager, du crime, et sur les débordemens de la licence, qui sont au corps social ce que les maladies sont au corps humain, les autorités locales n'*entrevirent* aucun inconvénient, aucun *danger* pour elles dans la permission qu'elles donnèrent, en 1807, de rendre au jour ce petit monument, qui fut rétabli avec une pompe religieuse, et aux acclamations de toute la population de Provins, dans le lieu qu'il occupe aujourd'hui[1]; mais elles ne tardèrent pas à se repentir de leurs imprévoyances.

Ces acclamations avaient retenti jusque sous les voûtes des Tuileries. Leurs conséquences, prouvées et développées sept ans plus tard, étaient terribles : aussi, par un article officiel, inséré au *Journal de l'Empire*, le préfet reçut-il, indépendamment sans doute de la semonce *ad hominem*, un blâme public de la conduite qu'il avait tenue, en autorisant l'Académie d'Agriculture et des Belles-Lettres de Provins *à faire parler d'elle*, et en s'érigeant en restaurateur des cérémonies du culte. Du culte! c'était bien de Religion qu'il s'agissait! A cette époque, il faut en convenir, ce n'était pas le retour aux sentimens religieux qui portait ombrage. Loin de là ; en s'efforçant de reconstituer l'empire de ces sentimens, on couvrait, par de louables démonstrations, un but politique très-adroit. Après l'épuisement de ces premières phases révolutionnaires, la Religion avait été remise en honneur, comme ancre de salut pour l'État. En ouvrant une large porte aux divers intérêts qui, après la tempête, se pressaient sur les seuils de ses temples, elle offrait des masques aux bourreaux, des consolations aux victimes, l'indulgence et le pardon aux repentirs sincères, calmait les haines et engourdissait les remords. C'était, d'ailleurs, la plus forte garantie qu'on pût avoir de la soumission du peuple, qui devait considérer comme un retour à l'ordre un régime qui reproduisait ses habitudes antérieures au désordre : mais de quoi s'avisèrent les Provinois, d'oser, à une époque où le pacte de l'autorité révolutionnaire et de l'usurpation venait d'être *scellé* à Vincennes, rendre des hommages publics aux cendres d'un de leurs anciens souverains, d'un gendre de *saint Louis*? Que ne se bornaient-ils, en suivant l'exemple donné à Saint-Denis pour la répa-

[1] C'est d'après la révélation de M. Choiselat, dépositaire fidèle, et par les soins de M. Pasques, secrétaire de la Société d'Agriculture, et de M. T.-M. Michelin, administrateur des hôpitaux, que cette première restauration eut lieu. M. Michelin eut, en outre, l'heureuse et courageuse idée de profiter de l'occurrence, pour rétablir sur l'autel les armes de France et de Navarre.

ration de profanations analogues, à lui faire tailler une pierre expiatoire, si *le cœur leur en disait.*

De la considération politique qui fit envisager, il y a quelques années, la restauration du cœur de Thibault V (et non saint Thibault), comme une cérémonie purement religieuse, à celles qui attribuent depuis des siècles, à cette dépouille *tout humaine*, le pouvoir d'opérer des guérisons miraculeuses, la transition est très-simple; mais ici, du moins, c'est sur l'ignorance seule, ou même, si l'on veut, sur la *superstition* qu'on doit rejeter la confiance que met le peuple dans le contact de la boule de cristal pour guérir les yeux des malades.

La hauteur d'appui de ce monument, qui n'a guère que trois pieds d'élévation, son couronnement par une boule transparente, qui appelle naturellement l'œil pour faire remarquer le cœur de pierre, et plus encore l'établissement, dans le couvent des Jacobins, où ce monument est resté jusqu'en 1791, d'une confrérie de sainte Larme [1], qui guérissait, disait-elle, tous les maux d'yeux, tous ces motifs ont pu déterminer de premières tentatives, dont les résultats quelconques, préconisés par les nombreux amans du merveilleux, auront fini par attacher à ce monument une vertu qu'il ne se connaissait pas, et dont certes le cœur *vivant* du loyal Thibault V aurait repoussé l'attribution.

C'est ainsi qu'en changeant le cristal en bronze (ce qui est plus facile à la poésie qu'à la chimie), on trouverait, même aux portes de la capitale, l'application approximative de ce vers d'un poëte moderne qui, parlant des hommages religieux qu'on rend à Rome à des statues *antiques*, telles que le saint Pierre colossal, qu'on regarde comme une statue de Jupiter, dit que le pèlerin

Use un bronze païen, d'un baiser catholique.

Pour s'étonner de ces pratiques superstitieuses que combattent la raison,

[1] Instituée en 1548, en l'honneur de la larme versée par le Sauveur, lorsqu'il vit les sœurs de Lazare pleurer sa mort. On plaçait dans cette église une larme de verre devant le cristal de l'ostensoir; il y avait, en outre, dans le couvent, une petite source qu'on appelait *Fontaine de Sainte-Larme*, et dont l'eau, très-peu abondante, servait à laver les yeux des confrères.

et surtout les lumières du siècle, mais qu'alimentent, ce nonobstant la disposition qui nous porte vers le merveilleux et nous *rend de feu pour le mensonge*, la confiance dans les témoignages d'autrui, et l'espoir de soulagement *qui s'accroche à toutes branches*, il ne faudrait pas avoir séjourné dans les campagnes de la France, où des exemples analogues se reproduisent à l'infini. Qui n'a pas été, comme nous, témoin de quelques-uns de ces nombreux pélerinages dirigés vers quelques fragmens de sculpture gothique insignifians, et plutôt encore vers d'innombrables fontaines[1], jouissant chacune, comme les eaux de Saint-Brice dont nous avons parlé, d'une vertu particulière, continuellement mise à l'épreuve, et qui n'en demeure pas moins intacte, malgré les calomnies de quelques malades obstinés, qui ne veulent pas convenir de leur guérison. Leur mort même, en prouvant, dans ce remède, une inefficacité qu'on rejette alors sur l'inobservance des rites consacrés, ne détrompe personne, tandis qu'une seule guérison, déterminée par tout autre cause que celle présumée, étant proclamée de toutes parts, ajoute à la vénération et à la célébrité du pélerinage.

Conclura-t-on de ces détails que nous cherchons à *guérir* ces braves gens de leur vaine confiance ? loin de nous cette pensée que nous aurions d'ailleurs inutilement conçue, et que, dans ce cas, nous devrions appliquer aux soins d'une cure plus générale.

Il y a des superstitions de plusieurs sortes. S'il en est de nuisibles et de dégradantes aux yeux de l'humanité, en ce qu'elles procèdent par des voies

[1] Nous ne citerons qu'une de ces fontaines, parce qu'elle est à peu de distance de Provins, et que nous nous sommes trouvés, par hasard, admis à la connaissance des formules indispensables pour obtenir que son eau, excellente d'ailleurs, nous guérisse d'autre maladie que de la soif. Voici l'ordre et la marche des cérémonies qui doivent être observées pour le pélerinage de la fontaine fébrifuge de Saint-Martin, située près du château de Courtavenel. Nous les révélons par dévoûment pour l'humanité, au risque d'épuiser bientôt cette source bienfaisante, et de déverser sur nous la vengeance des propriétaires et des initiés qui s'en réservaient peut-être l'entière exploitation.

Venir à pied de quelque distance que ce soit (on y vient de quinze lieues), condition qui exclut les paralytiques et les moribonds de la participation aux bienfaits de cette eau, et lui enlève, par conséquent, des chances défavorables ; faire des prières (jusque-là rien de mieux) ; boire une tasse d'eau ; lier fortement un petit ruban, qu'on a eu le soin d'apporter, à une des branches d'un gros buisson qui couvre la fontaine, en prononçant distinctement ces mots sacramentels : « Fièvre, j'te lie ; » tiens toi-zy jusqu'à c'que j'te délie » ; boire une seconde pleine tasse ; jeter dans le bassin une menue pièce de monnaie, qui s'enfonce dans la vase, où elle ne séjourne pas long-temps ; puis s'en retourner *comme l'on est venu*.

dangereuses ou par des moyens de terreur, et offrent à la fourbe l'occasion d'exploiter la crédulité, telles que les prétendus sortiléges, les filtres et la foi dans les œuvres ténébreuses et souvent sanguinaires de la nécromance, d'autres, comme la chiromance, l'explication des songes et la fausse application d'idées religieuses peuvent n'être considérées que comme des faiblesses inséparables de notre nature, sans autres conséquences que quelques petites appréhensions, mêlées d'espoir, qui offrent un aliment en général assez innocent, et quelquefois même consolant, à l'activité de notre imagination et à l'impatience de nos desirs.

Religion de l'État chez les païens et les idolâtres, la superstition, que Plutarque regardait cependant comme *étant pire que l'athéisme*, enfanta quelquefois des actions sublimes.

Curtius précipitant dans le gouffre son *patriotisme et sa valeur*, pour satisfaire l'oracle qui demandait les biens les plus précieux de Rome; et ces héros, sacrifiant leur vie, sur une foi semblable, pour assurer le triomphe de leurs armées; *ces Décius mourant*, dit Delille, *pour vivre en la mémoire*, n'obéissaient qu'à des sentimens superstitieux très-communs chez les anciens à qui nous n'avons rien à envier à cet égard.

Si nos sybilles de carrefours et nos bergers donneurs *de sorts*, cèdent incontestablement le pas aux pythonisses et aux augures, de même que les mystères révélés par les tarots de mademoiselle Lenormant et par les *patiences* de salon, ne sont que de légères indiscrétions du destin, comparées aux présages tirés du vol des oiseaux et des entrailles des victimes, peut-être l'emportons-nous, en général, sur nos dévanciers par l'immense extension que notre imagination créatrice à donnée à quelques idées mères, empruntées à leurs grimoires.

Que douze esprits forts remarquent, comme il arrive chaque jour, avec un effroi concentré par la fausse honte, la survenance d'un treizième convive également redoutée chez les Romains, nous pourrons mettre ce préjugé sur le compte de leur érudition et de leur confiance dans les anciens; mais sur qui rejeter nos préventions contre ce malheureux *vendredi*, d'invention plus récente, et qui parcourt vainement toutes les phases du calendrier, sans pouvoir se soustraire à notre antipathie? à qui devons-nous nos terreurs à l'aspect d'une salière renversée, d'un verre qui se casse, d'une fourchette posée en croix, etc., etc., comme nos spéculations à l'apparition *inespérée* d'une araignée?

A nous permis de rire, et de traiter de sottise et de puérilité la confiance *renouvelée des Grecs*, que les Romains, les Orientaux, et en général les peuples du Midi, plaçaient et conservent encore dans les *amulettes* dont les Turcs et les Arabes s'efforcent même d'étendre la vertu à leurs chevaux de prédilection. Mais pourquoi chercher si loin nos motifs de gaîté?

Quid rides? n'aurait pas manqué de nous dire alors le fabuliste romain, en voyant préconiser, dans nos feuilles publiques et dans nos salons, mille préservatifs ou curatifs à tout le moins aussi innocens que les scarabées et les osiris des anciens Égyptiens, que les amolimenta des Romains, que les jades des Orientaux, et que les pierres doublement précieuses que les Musulmans payent si largement aux dervis.

Depuis les phylactères interdits par le concile de Laodicée, et condamnés par saint Jérôme, jusqu'à la poudre de crâne humain, qui suspendit, comme par enchantement, le saignement de nez du célèbre Boyle; et, plus près de nous, depuis les sachets anti-apoplectiques du *Babylonien*[1] Arnou, jusqu'aux bagues de fer du *mécanicien* Georget, combien ne pourrions-nous pas désigner de talismans ou topiques généralement en usage parmi nous, et dont l'effet est aussi contestable que celui du cristal du monument en question, ou de l'eau claire de la fontaine Saint-Martin.

Sachons donc, en nous examinant de plus près, nous ou les nôtres, puiser, dans cette étude, une indulgence que nous pourrons peut-être réclamer pour nous; songeons qu'en dessillant les yeux d'aveugles volontaires, nous obtiendrions le sacrifice de leurs faiblesses aux dépens de leurs jouissances, ou du moins des chances purement favorables qu'ils se donnent en agissant ainsi; et rappelons-nous, pour notre propre excuse, si nous partageons ces faiblesses, qu'à la mort de notre illustre écrivain philosophe, de ce fameux septique, Michel Montaigne, on trouva sur sa poitrine.... *une amulette;* conséquence naturelle, à mon gré, de son mot à la fois si naïf et si profond: *Que sais-je?*

Ce serait vainement, et peut-être mal à propos, nous le répétons, que le flambeau de la philosophie et de la raison voudrait dissiper des illusions dans

[1] Expression de Voltaire, dans *Zadig*.

lesquelles notre faible humanité se complaît et se complaira long-temps, en dépit même de notre jugement, qui n'en mérite pas moins, à tous égards, cette apostrophe, empruntée du cigne de Mantoue par le poëte de Ferrare :

. . . . . . Ahi cieca umana mente
Come i giudicj tuoi sou vani e torti.

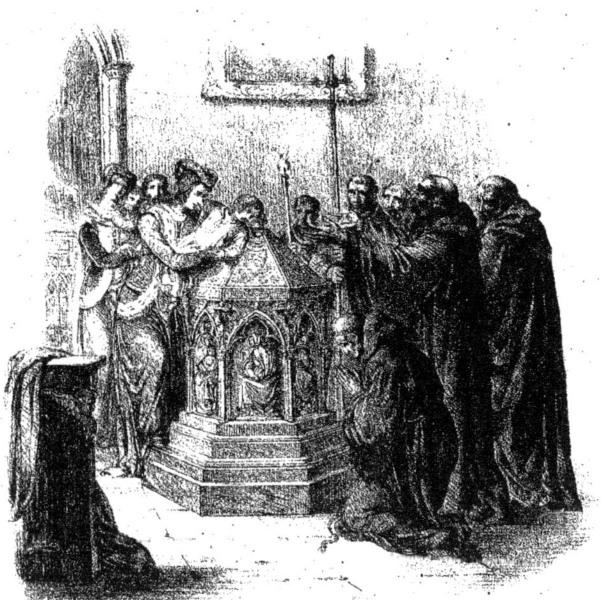

Litho. de C. Motte rue des marais.

STATUE DE S^T THIBAULT

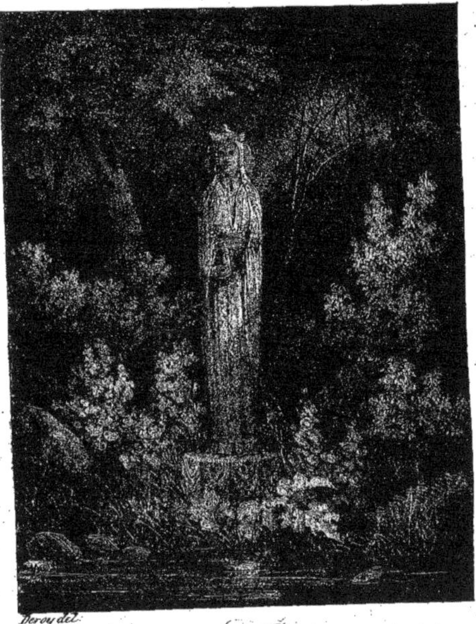

Deroy del.

VUES de Provins

3e et dernière Livraison.

Litho de C. Motte, R. des marais.

A Paris, chez Gide, Libraire, rue St Marc Feydeau N° 20. a Provins chez LeBeau, Imprimeur de S.A.R. Monsieur

FRONTISPICE.

VUE DU PORTAIL MÉRIDIONAL DE L'ÉGLISE SAINT-QUIRIACE,

PAR M. COLIN.

(Voir la planche placée en tête du Recueil.)

Le dôme de Saint-Quiriace apparaît trop souvent dans nos vues, pour que nous n'ayons pas cherché l'occasion de décrire l'édifice qui le supporte.

Nous aurions voulu ne pas nous contenter d'emprunter à cette église, pour la reproduction lithographique, un de ses portails latéraux d'un ajustement assez ordinaire, mais en rendant toute justice au grandiose des proportions de son vaisseau plus aéré, plus *élégant* peut-être, malgré sa nudité qui prouve l'*exiguité* des ressources de la fabrique, que celui de telle cathédrale renommée, nous avons été arrêtés par l'absence des détails qui seuls peuvent donner quelque intérêt à une vue intérieure, dans une proportion aussi réduite que celle de nos planches.

Efforçons-nous de suppléer au dessin par la description.

On tient pour certain à Provins, qu'il existait dans le xe siècle, sur le lieu où s'élève aujourd'hui Saint-Quiriace, une église en bois, construite dans les premiers âges du christianisme, sur les débris d'un temple consacré à Isis. L'église en pierre fut élevée vers 1160 par la *libéralité* du comte Henri Ier. Rien ne fut alors épargné pour donner à cet édifice, placé sous l'invocation d'un évêque de Jérusalem, tout l'éclat que comportait cette consécration même, dans une ville que les premiers croisés, à leur retour, avaient déjà comparée à la ville sainte. A une époque où toutes les idées se portaient vers la Palestine, on dut naturellement s'attacher à compléter cette analogie par de majestueuses constructions et par des symboles parlans.

Tel fut probablement le but du comte Henri, lorsqu'il fit placer sur le dôme en pierre, bien plus élevé que celui d'aujourd'hui [1], dont l'extrémité n'est qu'à cent quatre-vingt-un pieds du sol, une statue colossale en pierre de l'impératrice Sainte-Hélène, tenant en main la représentation de la sainte-croix que Saint-Quiriace contribua, dit-on, à lui faire découvrir.

La libéralité fait souvent supposer la prodigalité; aussi est-il de tradition que le comte Henri fit enfermer dans l'un des piliers de Saint-Quiriace, une somme d'argent *suffisante* (*alors sans doute*) pour la *réédification* de cette église. Avis à la bande noire!....

En admettant cette bizarre tradition comme certaine, il serait curieux de voir jusqu'où pourrait conduire aujourd'hui l'emploi de ce trésor suivant l'intention de ce comte, non moins prévoyant que libéral, mais dans ce cas, assez faible calculateur, car l'intérêt de cette somme, au taux le plus modique, aurait dû suffire, lors de l'écroulement par *vétusté*, des piliers de Saint-Quiriace, à l'édification d'une Jérusalem tout entière. Il est vrai que la même prévoyance pouvait lui faire redouter telles circonstances qui seraient venues changer la destination et du capital et des intérêts dont il se serait accru.

Indépendamment des ressources cachées et des moyens de reproduction qu'elle aurait portés en elle-même, cette belle église tirait évidemment de grands avantages du voisinage du palais des comtes. Plusieurs princes et princesses de la maison de Champagne y furent baptisés et inhumés. Du nombre des *premiers*, fut Thibaut IV, ce grand régénérateur de Provins, que ses deux grands-oncles, le Roi de France Philippe Auguste, et Guillaume, archevêque de Sens, y tinrent sur les fonds de baptême en 1201.

Parmi une foule de distinctions honorifiques qui découlèrent pour le chapitre, de ces importantes prérogatives, on en cite une dont je cherche vainement le but et les avantages. Elle consistait dans un droit acquis au doyen, qui en profitait souvent, de célébrer la messe en bottines rouges.

On peut croire que tout n'était pas honneur dans ces distinctions, quand on lit qu'à l'époque où le chef de Saint-Quiriace fut apporté de Constantinople à Provins, vers 1200, par Milon de Brebans, seigneur du Plessis-aux-Tournelles, le chapitre de cette église le fit placer dans un reliquaire de

[1] La toiture de l'église avait trente pieds d'élévation au-dessus des charpentes actuelles.

vermeil, supporté par six lions d'argent doré, pesant cent marcs; que, plus tard, vers 1360, le même chapitre donna 48 réaux d'or pour contribuer à racheter le roi Jean des mains des Anglais, etc., etc.

Nous ajouterons une circonstance qui peut donner quelque idée de l'importance de ce chapitre et de son casuel. En 1318, Philippe le Long, s'étant fait recevoir solennellement premier chanoine de Saint-Quiriace, jura de maintenir les priviléges accordés à cette église, et lui laissa en présent, deux manteaux longs d'étoffe d'or.

Il paraît qu'un des priviléges de cette église était d'avoir des *canons* particuliers, qui servirent d'accompagnement lors d'un *Te Deum* chanté par les musiciens du chapitre, en présence du roi François Ier, et à l'occasion de son retour de captivité. Un autre titre plus récent, fait connaître que, lors des réjouissances pour la paix de 1660, l'artillerie du chapitre fut tirée par ordre spécial des chanoines.

Jusqu'au XVIe siècle, l'église de Saint-Quiriace fut, comme plusieurs autres, *le théâtre*, c'est le mot, de cérémonies bizarres, qui remontaient à l'enfance du christianisme en France, et dont le temps et une piété plus éclairée ont fait justice, telles que la *fête de l'âne* [1], les fêtes dites le *chanchis* [2], et la danse dont nous avons parlé, qui était exécutée la veille de la Nativité de la Vierge, par le curé et la plus jolie fille de la paroisse, après que le prêtre avait entonné en français l'antienne *Ave, Regina*.

[1] La fête de l'âne, ou des ânes, très-connue dans les annales ecclésiastiques, et dont quelques vitraux peints retracent encore les cérémonies, se célébrait dans beaucoup de métropoles et de collégiales, pendant un des jours qui séparent Noël des Rois. Elle tirait son nom de la présence obligée de Balaam avec son ânesse, dans une procession où figuraient tous les prophètes qui avaient prédit la naissance du Messie. On aurait pu la nommer plus noblement, et à titre égal, la fête de *Virgile*, car, par une interprétation un peu forcée de la prédiction contenue dans sa VIe églogue, ce poëte figurait dans cette mascarade, parmi les prophètes, ayant à ses côtés la sibylle Érytrée.

On chantait à Sens, le jour de cette fête, un office noté sur ces paroles: *Hi-han, hi-han.* Un manuscrit de 1412 fait foi, en outre, que le jour de Pâques flories il était d'usage de faire paraître un ânon dans la procession des rameaux de l'église Saint-Quiriace. Les enfans criaient et faisaient crier cet âne, pour justifier le mot *pueri clamabant.* On buvait et on dansait ensuite dans l'église. Cet usage s'est conservé jusqu'en 1564.

[2] Les fêtes du Chanchis commençaient à la mi-mai, et duraient plusieurs dimanches. Elles consistaient en danses et distributions de prix, et se terminaient par la promenade d'un bouc, qu'on adjugeait à celui ou à *celle* dont la folle gaicté avait occasioné plus de scandale.

Ne pouvant suffire à tout par eux-mêmes, les chanoines de Saint-Quiriace contribuaient seulement pour deux septiers de blé à la célébration de la grande fête des *fous*, et pour deux bichets aux frais de la petite [1].

Nous ne pensons pas, malgré la tradition contraire, que l'église Saint-Quiriace ait jamais été terminée ni complétée suivant le plan qu'on aura pu arrêter dans le principe pour ajouter à cette église deux tours capables de contenir les cloches du chapitre restées jusqu'en 1689, dans un clocher en forme de tour carrée qui se trouvait isolé dans le cloître vis-à-vis le grand portail. Ce clocher s'étant écroulé à cette époque, un Provinois célèbre, M. Rose, secrétaire de Louis XIV, obtint directement du Roi l'autorisation de faire placer dans la tour de César les cloches du chapitre, qui, de nos jours, ont été converties en billon ou en projectiles meurtriers. C'est sur l'emplacement de ce clocher et des tombes des chanoines dont il était environné, que fut plantée, en 1744, la belle esplanade de tilleuls qui sert encore, dans la belle saison, de salle de réunion aux rentiers de la Ville-Haute.

Complète ou non, l'église de Saint-Quiriace devait être très-remarquable avant le funeste incendie de 1662, dont les circonstances méritent bien une notice particulière.

Le 17 août de cette année, le feu allumé dans la toiture en plomb par des charbons ardens, que des ouvriers laissèrent dans leurs réchauds, en s'absentant pour leur repas, fit, par l'effet du vent, des progrès si rapides, qu'en une demi-heure la fusion de la toiture fut presque consommée, ce qui détermina l'embrasement de l'immense charpente que ce plomb recouvrait. Se rendre à l'église, la traverser au milieu d'une pluie meurtrière de plomb fondu et de poutres enflammées, pour sauver au moins le Saint-Sacrement enfermé dans le tabernacle, était pour les religieux un devoir bien difficile à remplir. Le doyen n'hésita pas; animé de ce courage froid et héroïque que

[1] *Mézerai* assure que la fête des fous a été célébrée en France pendant plus de cent cinquante ans souvent sous le nom plus convenable de fêtes des sous-diacres. Il suffit de lire et de comparer entre elles les descriptions qu'ont faites de cette fête le docteur *Belet*, *Thiers*, dans le *Traité des Jeux*, *du Camp*, dans son *Glossaire latin*, et *Mézerai* lui-même, pour se faire une juste idée de cette saturnale et du scandale qu'elle devait causer, même à une époque où l'on ne se targuait pas comme aujourd'hui d'une susceptibilité qui s'est accrue en raison de l'affaiblissement des sentimens religieux. A Provins, la procession de la grande fête des fous partait le premier de l'an du chapitre Notre-Dame de la Ville-Basse, dirigée par l'évêque des fous portant la crosse, et se rendait au convent des religieuses de *Champ-Benoit*.

la religion et le sentiment du devoir peuvent seuls inspirer, il parvint, assisté de quelques chanoines entraînés par son exemple, à accomplir cette terrible mission. Ils quittèrent tous ce gouffre embrasé sains, saufs et radieux, tels qu'on nous peint Azarie et ses compagnons, sortant de la fournaise aux yeux de Nabuchodonosor et du peuple de Babylone, moins émerveillé peut-être que ne le furent alors les habitans de Provins.

L'explosion volcanique des matières enflammées, lancées par un vent d'ouest, fut telle qu'on craignit pour la ville et principalement pour l'église Saint-Pierre; mais de sages précautions bornèrent l'effet de ce désastre à l'église Saint-Quiriace, qui en éprouva sept jours plus tard un contre-coup plus terrible encore par la chute de la statue colossale de Sainte-Hélène et par les suites de ce malheur. Cette chute causée par l'ébranlement qu'un violent ouragan donna au dôme qu'on avait négligé d'arc-bouter pour suppléer aux charpentes détruites, effondra les voûtes, dont les débris mêlés à ceux de la statue, vinrent, sous leur poids immense, anéantir le jubé, l'orgue et tout ce qui constituait l'ornement et la décoration de l'église.

On projeta d'abord de réparer entièrement ce désastre, mais l'avidité d'un entrepreneur infidèle, chargé des travaux, réduisit la restauration à ce que nous voyons aujourd'hui.

L'inauguration de l'église ainsi réparée fut, trois ans plus tard, l'occasion d'une scène que nous ne pouvons passer sous silence.

Au moment où la population entière de Provins, réunie dans Saint-Quiriace dirigeait, dans le plus grand recueillement, toute son attention sur un sermon analogue à la solennité, dont le prêtre venait de prononcer le texte qui était : *Magna erit gloria domus istius novissimœ plus quàm primœ,* un bruit sourd se fit entendre au-dessus des voûtes d'où quelques parties *parurent* se détacher et tomber sur le peuple au milieu d'un tourbillon de poussière. Qu'on se figure l'effet d'un pareil incident sur des imaginations encore remplies, à ce moment même, du souvenir de l'écroulement du dôme! Aussi l'épouvante fut-elle au comble, surtout après que de premiers cris, poussés inconsidérément, eurent communiqué l'effroi avec une rapidité électrique dans toutes les parties de l'église. Chacun, cherchant à fuir en même temps, augmentait, par la véhémence de ses efforts souvent mal dirigés, la difficulté de l'écoulement : c'était un concert affreux de lamentations et de cris motivés alors par le danger réel que couraient les êtres faibles dans cette fluctuation meurtrière d'une foule immense cherchant à fuir par une seule issue, le péril en apparence le plus imminent.

Quel contraste offrit alors l'effroi de toute une population avec la pieuse résignation du doyen du chapitre qui, prosterné sur les marches du maître-autel, attendait tranquillement la mort, en priant hautement le Ciel de ne prendre que lui pour victime !

Cette fois son exemple n'eut pas d'imitateurs parmi les chanoines, car on raconte que le diacre et le sous-diacre, s'échappèrent par-dessus les grilles pour profiter d'une issue qui leur parut moins encombrée. L'histoire [1] raconte même qu'un jacobin, qui voulut suivre leur exemple, ayant glissé du haut de la grille, resta suspendu par sa robe dans la position la plus pénible jusqu'au moment, encore assez éloigné, où la sécurité succédant à l'effroi, on vînt lui rendre le mouvement et peut-être la vie.

Dès qu'en remontant à la source du désordre, on pût être convaincu que l'écroulement, dont chacun jurait avoir été témoin, se bornait à la chute de quelques platras pulvérulens que des enfans, qui s'étaient introduits dans les combles, avaient lancés fortuitement ou à dessein par un trou ménagé dans la voûte, la scène d'épouvante changea de caractère : chacun ne songeant qu'à sa vie, avait négligé dans sa fuite des objets jugés désormais superflus, tels que chapeaux, mantes, cannes, épées, coëffes, bonnets, jupes, etc. ; ce qui, dit encore l'histoire, faisait de l'église évacuée une véritable fripperie. Le goût de la propriété revint avec le sang-froid ; mais l'embarras était pour *César*, de reprendre ce qui lui appartenait, lorsque *Pompée* se l'était approprié par un motif quelconque, ou plutôt, j'aime à le penser, pour nantissement d'un objet analogue, par lui abandonné sur le même champ de bataille ; de-là des contestations interminables, des injures, des provoca-

[1] Je puis dire l'*histoire*, puisque cette échaufourée est devenue historique par le poëme burlesque, composé à ce sujet par un sieur Lelleron, avocat à Provins, sur la demande de Louis XIV, qui s'amusa beaucoup du récit des circonstances dont fut accompagnée et surtout suivie la scène d'épouvante dont nous avons parlé. Pour expliquer le plaisir que ce grand roi, accoutumé aux beaux vers, put éprouver à la lecture de ce poëme de province, il faut remarquer que le chef-d'œuvre de ce genre, *le Lutrin*, dont les premiers chants ne furent publiés qu'en 1672, n'était pas encore connu. Toujours est-il qu'on peut tirer de cette circonstance *historique* la conséquence que le noble dédain de ce monarque *grandiose* pour les scènes grotesques, et notamment pour les *Magots* de *Teniers*, qu'il faisait retirer de ses appartemens, et que nous logerions avec tant de plaisir dans les nôtres, ne s'appliquait pas indistinctement à tout ce qui portait le caractère d'un comique même un peu outré.

tions, et jusqu'à des voies de fait. Le doyen ne put mettre un terme à ce désordre qu'en faisant continuer l'office, qui fut, grâce à la générosité du chapitre, suivi d'un repas où les réconciliations s'opérèrent comme il arrive encore journellement chez nous.

Il nous reste à effacer le vernis de pusillanimité que le bruit de cette aventure attacha à la qualité d'habitant de Provins.

Explique qui pourra à quoi peuvent tenir ces terreurs paniques que la moindre circonstance fait naître, et dont aucune grande réunion d'hommes n'est exempte, pas plus nos valeureux bataillons que les formidables légions romaines. L'autel élevé à la peur, par ce peuple, est un monument de ce vertige qui transforme en un instant une phalange invincible en un troupeau de lièvres. Depuis l'effet de la conque marine du dieu *Pan*, qui mit les Titans en fuite, jusqu'au *sauve qui peut* de Waterloo, les exemples de ces frayeurs générales et *simultanées* souvent non motivées, sont innombrables.

Il semble qu'il y ait dans les masses une solidarité de courage comme de faiblesse. Tout dépend de l'impulsion donnée. Dans le succès, le moins hardi, comptant sur la valeur de son voisin, qui souvent lui retourne cette honorable confiance, profite de l'occasion qu'il lui est désormais impossible d'éviter, d'acquérir sa portion de gloire; de même dans la disposition contraire, la contagion d'une fausse alarme se communique, en s'accroissant de proche en proche; la terreur du faible ébranle le courage du fort, qui, confondu dans la foule, n'a plus pour se distinguer ce puissant et trop ordinaire véhicule des actions courageuses, *l'amour-propre* très-disposé alors à quitter son rôle pour laisser agir l'instinct de la conservation.

Il n'est pas douteux pour nous qu'il n'y eût parmi les fidèles, inaugurateurs de l'église Saint-Quiriace, bon nombre de Provinois personnellement assez braves pour ne pas s'effrayer de la chute de quelques grains de poussière; mais le moyen pour eux de résister à l'entraînement de la foule, et quel mérite eussent-ils eu, d'ailleurs, à lutter contre un danger irremédiable, s'il eût réellement existé?

DEUX VUES DE L'ÉGLISE DE REFUGE DES MOINES DE PREUILLY :

PARTIE INFÉRIEURE, PAR M. RENOUX ; PARTIE SUPÉRIEURE, PAR M. DEROY.

Ainsi que nous avons déjà eu occasion de le dire, à propos du bâtiment de *la Grange des Dîmes*, il existait dans la Ville-Haute plusieurs églises de refuge qui justifiaient cette dénomination en servant de lieu de retraite, dans les guerres, aux religieux de plusieurs couvens, exposés aux attaques et au pillage des divers partis, quelquefois aussi peu scrupuleux à cet égard les uns que les autres.

Le bâtiment, dont les ruines ont fourni les deux vues que nous réunissons ici, était la succursale de ce genre des moines de l'abbaye de Preuilly, située à peu de distance de Montereau. Cette abbaye, l'une des plus célèbres de l'ordre de Citeaux, avait été fondée en 1116, par Thibaut II, ce qui peut indiquer l'époque approximative de la construction du refuge, témoignage d'une sollicitude toute *paternelle* de la part de ce Prince.

La double disposition de cet édifice multipliait les ressources, tant pour la célébration des offices, que pour l'emmagasinement des effets précieux soustraits à l'avidité des soldats.

Ces sortes de constructions étaient devenues sans objet et sans utilité depuis les guerres de la Ligue, époque d'où date le délaissement absolu des fortifications de la Ville-Haute, devenue dès-lors aussi accessible aux tentatives guerrières que les couvens mêmes aux habitans desquels elle servait précédemment de refuge.

De l'abandon de ces bâtimens, au premier occupant, est résultée leur détérioration successive, dont le temps paraît seul coupable, ce que nous nous hâtons de proclamer pour disculper d'autant notre révolution, déjà bien assez chargée d'iniquités de ce genre.

Par un effet particulier à ces *jolies ruines*, résidus de constructions peu importantes, leur aspect ne fait éprouver aucun regret à l'ami des arts. Tout

PROVINS.

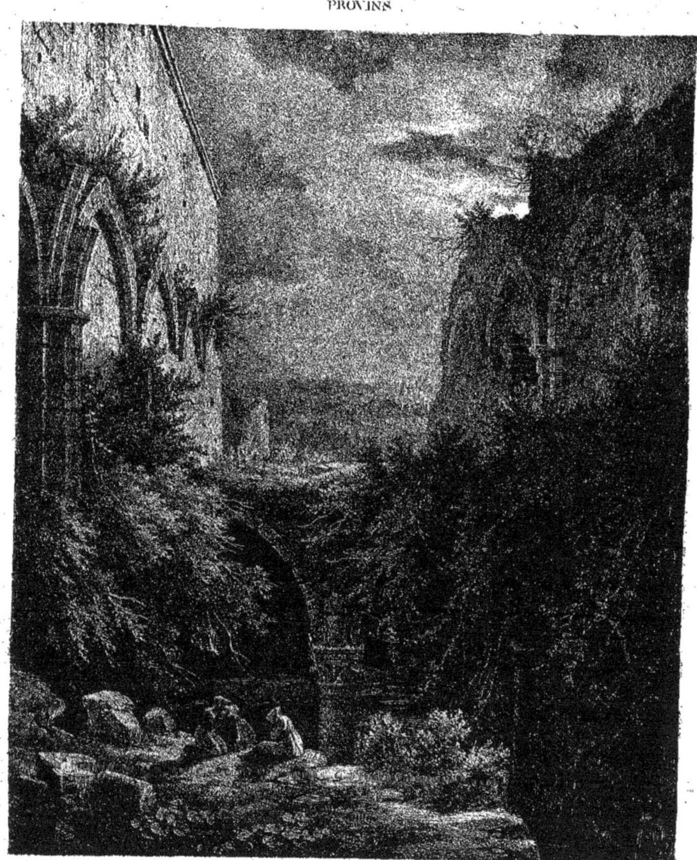

Deroy del. — Litho de C. Motte.

Vue de la partie supérieure de l'Église du Refuge

PROVINS.

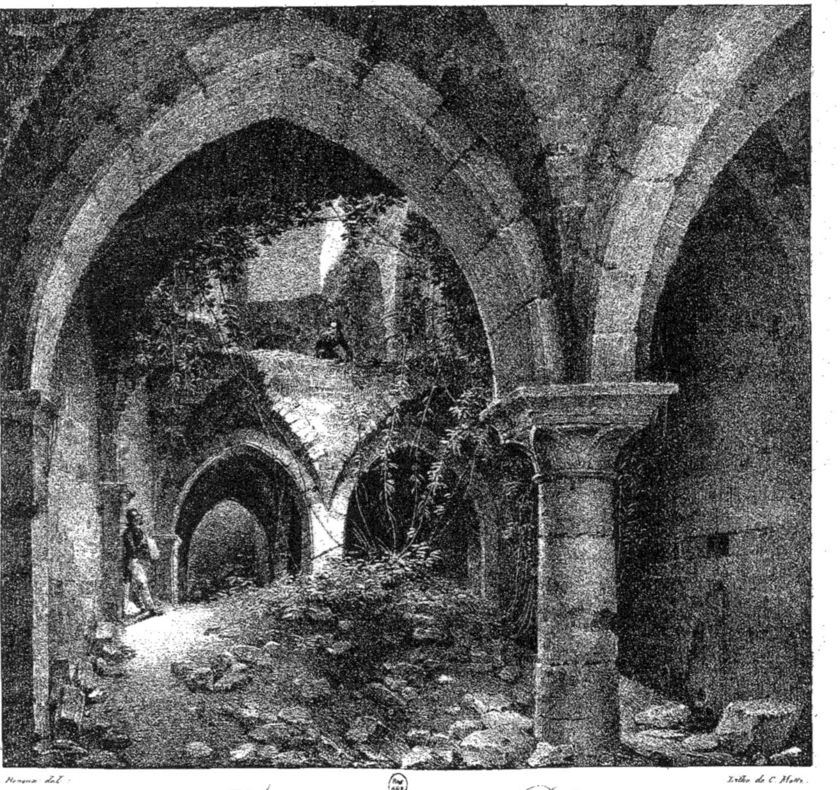

Lithe de C. Motte.

Vue du souterrain de l'église du Refuge.

entier à la contemplation de ces terrains colorés dont l'éboulement partiel couvre à demi, sans les enfouir, de beaux vestiges de constructions gothiques; étudiant les dégradations dues à l'interposition de cette forêt de lianes et de ronces, qui balancent leurs festons dans l'espace, et rehaussent, par leurs teintes variées, comme par leur moelleux agencement, l'éclat de ces charmans décombres; un seul sentiment l'agite : c'est la cainte de voir disparaître *l'harmonie du chaos* qui règne dans cet ensemble. A quoi tient en effet l'anéantissement de ces ruines qui, après avoir inspiré ces deux vues qu'on appréciera sans doute, peuvent encore offrir à beaucoup d'artistes de bonnes études de lignes, de couleur et d'effet? A la première fantaisie du paysan voisin, propriétaire, de fait sinon de droit, de cette espèce d'*épave*, et auquel il ne manque peut-être qu'un peu de loisir pour utiliser à sa manière, par le déblayement, ces *gravas* dont il maudit depuis long-temps le voisinage et la destination actuelle comme *refuge* des rats destructeurs de ses grains.

DEUX VUES:

L'UNE DE L'INTÉRIEUR DE L'ÉGLISE SAINTE-CROIX,

PAR M. RENOUX;

L'AUTRE DU CUL-DE-SAC SAINT-AYOULT, PAR M. LE SAINT.

Ces deux vues, se rapportant à des monumens déjà décrits, ne peuvent donner lieu qu'à des complémens de notices que nous réunissons ici.

Église Sainte-Croix.

En donnant, dans la première livraison, à propos de la vue du petit portail de Sainte-Croix, une notice détaillée sur cette église, nous croyons avoir rempli complétement notre tâche personnelle. L'habile artiste, auteur de cette vue comme de la première, se chargera donc de tenir la promesse que nous avons faite de ne pas laisser nos souscripteurs à la porte. A lui seul appartiendra le mérite de la politesse comme la responsabilité du *compelle intrare*. Qu'on juge si, différent de tant de jongleurs de divers étages, il sait réaliser dans l'intérieur les promesses du dehors, et ajouter par l'intérêt du dedans au mérite des bagatelles de la porte.

Nous devons nous borner, quant à nous, à rectifier ici une citation inexacte, sur laquelle notre confiance a été trompée. La devise placée sur la banderolle qui accompagne la tour de César, dans les voûtes de l'église, n'est pas, comme nous l'avons dit, celle des drapeaux de la ville, *condidit*, etc., mais bien celle-ci : *Nisi Dominus custodiet civitatem, frustrà vigilat qui custodit.*

Cul-de-sac Saint-Ayoult.

Dans notre Description de l'église de Saint-Ayoult, nous avons également traité de divers objets qui se rattachent à la deuxième vue que nous donnons ici. La chapelle de saint Médard, citée par nous comme étant la pierre fondamentale de la Ville-Basse, était située sur l'emplacement que recouvre ici la tour carrée, tronquée et écrasée par une toiture massive, qui domine encore les autres constructions environnantes. Agrandie, d'après l'illustration que lui valut le dépôt des ossemens de saint Ayoult, cette chapelle était devenue l'église de sainte Marguerite, dont le clocher, la nef, le chœur et la chapelle *retrò chorum*, étaient sur une seule ligne. Le tout, par des nouvelles métamorphoses, trop communes en France depuis trente ans, après avoir servi long-temps d'écurie, a reçu, depuis quelques années seulement, une destination un peu moins inconvenante : c'est aujourd'hui un magasin de fourrages.

Nous ignorons quelle destination aura consenti à recevoir une statue en pierre, demi-nature, d'une vierge dite Notre-Dame l'*Enfer-Gelée* (à cause des grillages dont elle était environnée de toutes parts), qui, placée sur le tombeau même de saint Ayoult, et déplacée, à plusieurs reprises, par le prieur lui-même, comme gênant les cérémonies du culte, revint chaque fois d'*elle-même*, dit-on, ou, si l'on veut, par le concours de quelque *Boirude*, reprendre sa première place.

La petite porte ceintrée, d'un goût assez pur, que l'on remarque sur la gauche, ouvrait aux moines de Saint-Ayoult le passage qu'ils s'étaient réservé pour se rendre plus commodément à leur dernière demeure, sans doute moins

PROVINS.

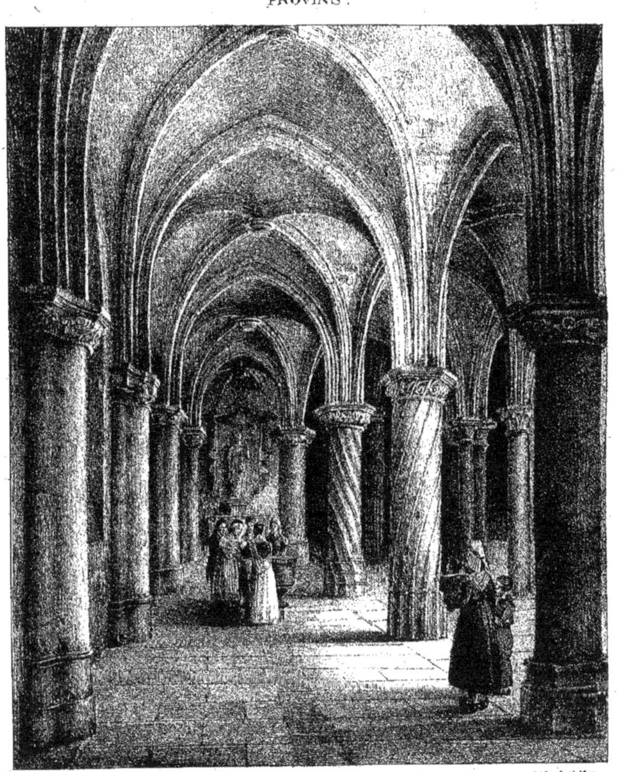

Renoux del. | Litho. de C. Motte.

Vue intérieure de l'église Sainte-Croix.

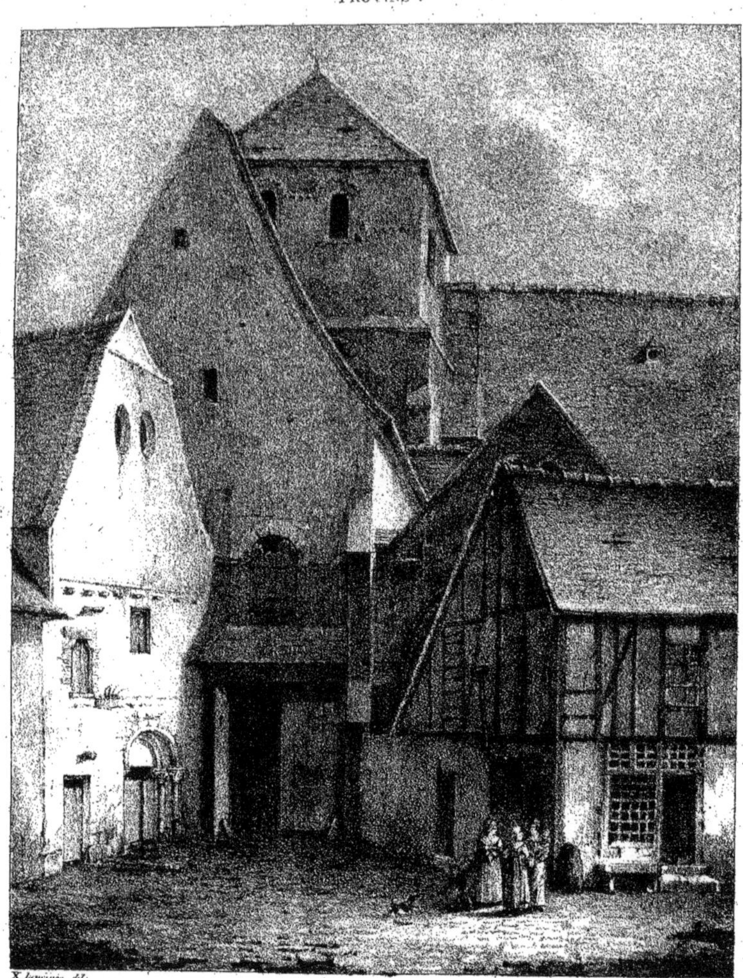

X. Leprince del. — Litho. de C. Motte.

Vüe du cul de sac de Saint-Ayoult.

pittoresque que ne l'est aujourd'hui le cimetière de Saint-Ayoult, à notre avis, le chef-d'œuvre du genre.

Qu'on se figure un charmant petit vallon, d'une étendue proportionnée à sa destination, eu égard au nombre assez restreint des ayans-droit, partagé par un large ruisseau, qui vivifie ce champ de mort, et active la végétation sur un sol ombragé de chaque côté par de magnifiques saules pleureurs. N'est-ce pas là pour une âme romantique le beau idéal des cimetières? Ajoutez que ces arbres, dont les rameaux attristés aspirent réellement à la tombe, unissent leur feuillage, d'un bord à l'autre du *fleuve* comme pour confondre leurs larmes qui doivent grossir, si elles ne forment, le cours de ce nouveau Léthé.

D'espace en espace, à travers ces ceintres verdoyans, quelques monumens, d'assez bon goût[1], en s'élevant au-dessus des pierres tumulaires que l'herbe recouvre, semblent n'appeler le regard que pour prescrire le recueillement dans ce bocage, qu'on croirait d'abord affecté aux ébats champêtres. Ces sommités, dans un lieu où tout se nivelle, se justifient du moins ici par l'importance relative de la considération notoire dont ces défunts privilégiés jouissaient ici-bas, et qu'on cherche à leur conserver plus *bas* encore. C'est dans le domaine de la mort, la continuation de ce qu'on remarque dans la vie, et le prolongement des supériorités sociales après leur anéantissement : mais en est-il de même de ces innombrables mausolées qui, depuis quelques années surtout, enveloppent de toutes parts notre capitale, dont l'éclat intérieur pâlira bientôt devant la splendeur de ses cimetières ou *sépulcres*, révérencieusement parlant ?

Cette rage d'illustrations posthumes, et trop souvent postiches, l'un des traits caractéristiques de l'époque actuelle, motivera peut-être suffisamment la digression suivante sur la coquetterie prétentieuse des sépulcres de Paris, comparée à l'élégante simplicité du cimetière Saint-Ayoult.

De tout temps, depuis l'introduction des arts en France, les familles illus-

[1] Plusieurs de ces monumens sont exécutés avec le marbre et l'albâtre d'assez belle qualité, qu'on trouve en rognons assez volumineux et même, m'a-t-on dit, en gisemens profonds dans les collines de Provins. D'autres proviennent de substances encore plus recherchées. Telle est une belle urne de granit oriental rose, monument de piété filial, élevé par le docteur Michelin et par son frère, Provinois très-distingués à divers titres, à la mémoire de leur digne père, ancien administrateur des hôpitaux de Provins.

trées, à quelque titre que ce soit, consacrèrent, par des monumens, la mémoire de leurs pertes les plus remarquables, et confièrent au marbre le soin de devancer l'histoire, ou de prévenir son oubli. Ces monumens funèbres, placés dans des églises qui les préservaient des principaux germes de destruction, y servaient en revanche d'ornement, en même temps que de véhicule pour la piété et les bonnes œuvres, au moyen des souvenirs obligés de vertus et de bienfaisance, incessamment retracés à tous les yeux.

Nos mœurs nouvelles ont tout changé. Quoique au règne de l'égalité, qui, en pulvérisant les marbres, a fait cesser ces distinctions, aient succédé des temps où la soif de les obtenir s'est reproduite comme de plus belle, le rejet en dehors des villes de toutes les inhumations, n'en a pas moins déshérité nos temples des monumens de ce genre, compagnons naturels des dépouilles qu'ils doivent immortaliser.

C'est cette mesure, très-louable sous le rapport de la salubrité publique, qui a ouvert *un champ* si vaste au besoin de célébrité ultérieure, dont chacun se montre tourmenté; besoin si facile à satisfaire, dans les grandes populations surtout: car, tandis qu'en province, où chacun est connu et apprécié, un monument funèbre indique un défunt notable et souvent recommandable, bien que là, comme ailleurs, selon l'expression du malin bonhomme:

« Toujours un peu de faste entre parmi les pleurs. »

chez nous, il suffirait d'examiner *de près* les mausolées de nos immortels en espérance, ou en expectative, pour compter dix Licinus, même sur un Cestius [1]. Quoi de plus facile aujourd'hui, que de convertir en grand homme, à force d'or, un goujat enterré dont on fait improviser la célébrité au moment de sa mort, dans l'intérêt des survivans? La nullité absolue du trépassé sert alors merveilleusement l'intérêt de sa gloire, en ce que, inconnu aux contemporains, il le sera bien davantage aux races futures, réduites, bien plus que nous encore, à adopter de confiance les titres qu'on suppose au défunt, à la vénération de tous les âges.

[1] Combien on pourrait signaler, même au cimetière par excellence du *P. Lachaise*, si digne de sa vogue, de disparates semblables à celle dont parle Varron au sujet du tombeau de marbre que Licinus, barbier d'Auguste, eut l'ambition de se faire *ériger !*

Marmoreo Licinus tumulo jacet, et cato parvo;
Pompeius nullo: Credimus esse deos?

Cestius, dont la pyramide funèbre est encore debout, était du moins un chevalier romain.

Qu'ont de commun aussi les émotions dont on ne peut se défendre (et qui s'en défendrait?), en parcourant un cimetière de campagne, où, parmi de simples croix de dimension égale, s'élèvent quelques tombes rappelant la mémoire d'un propriétaire bienfaisant, ou d'un vénérable pasteur [1], avec les sensations qu'on recherche et qu'on goûte dans ces lieux de plaisance, plutôt que de deuil, notés et visités par les étrangers comme une des principales *curiosités* de la capitale, et, plus que jamais, sans égard même à l'étalage ordinaire des vertus communes à chaque habitant, le rendez-vous de la *meilleure compagnie* de France?

Que va-t-on chercher dans ces musées de la mort? qu'une pâture pour les yeux et pour la critique. Coudoyé, à tout instant, par des curieux qui dissertent savamment sur le prix de l'arpent d'un terrain vendu à la toise, sur l'*ordre* et sur le goût plus ou moins pur des monumens, ou sur la position agréable d'un caveau que l'un d'eux *s'est réservé;* témoin de la folle gaieté qu'inspire à ces jeunes littérateurs imberbes le calcul de compensation des syllabes dans tel poème funèbre, et l'expression, naïve ou burlesque, du désespoir d'une Arthemise de soixante ans, fraîchement remariée, ou d'un inconsolable consolé par avance, comment puis-je m'identifier avec la douleur qui dicta cette touchante épitaphe d'une mère à son fils? et que peut dire à mon cœur cette fosse de la veille, où brille, fraîche encore, une couronne virginale, enlacée sur le signe de la rédemption, lorsque je vois la terre légère nouvellement replacée, et à travers laquelle je crois entendre encore un soupir, outrageusement foulée par cette nuée d'*artistes*, occupés sur le terrain limitrophe, à élever, pour un desservant de Plutus, un temple dont ce dieu même aurait fait ses délices?

Le luxe monumental, banni de nos temples et de nos palais, a été relégué dans l'asile du néant. Par un sentiment tout personnel, fruit d'un orgueil qui nous survit, chacun, à l'envi l'un de l'autre, voulant honorer à la fois sa génération passée, présente et future, élève, souvent aux dépens des créanciers des défunts, ces temples *aux dieux inconnus* qui, par les nouvelles illustrations qu'ils consacrent, prépareront bien des tortures aux *saumaises futures.*

[1] Je lus dernièrement ces mots écrits à la main, sur deux morceaux de bois à peine dégrossis placés en croix dans un cimetière de village sur la tombe d'un vieux curé : « *Notre père à tous.* » Jamais la plus belle épitaphe et le plus éloquent panégyrique ne produisirent sur moi l'effet de ces simples mots écrits sans orthographe.

Ce n'est pas que l'embarras de leurs recherches puisse jamais porter sur l'époque de ces constructions bien clairement déterminée par leurs attributs purement mondains, et par les passions politiques qui font les frais des épitaphes les plus remarquables, où brille en outre le scepticisme qui poursuit l'homme jusqu'au séjour de la conviction, et que désavoue, du fond de son tombeau, le malheureux qui sait le mot de l'énigme.

Mais laissons les considérations morales pour envisager les effets et les résultats de cette manie sous le rapport de l'art.

Appliquée, aux xve et xvie siècles, à des travaux de détail, ensuite à des objets d'un intérêt commun, ou d'une utilité générale, une impulsion semblable, donnée à l'art, finit par produire de grandes choses. Pourquoi, dit-on, n'en serait-il pas de même aujourd'hui? Parce que, dans les travaux dont il s'agit, les seuls de ce genre dont les capitalistes de nos jours soient disposés à faire les frais, dame parcimonie, compagne inséparable de messire amour-propre, joue un trop grand rôle. La prompte exécution et l'apparence avant tout; le goût, le fini et la durée ensuite, *si possible*. Aussi, malgré l'énormité de certaines dépenses, ces monumens, auxquels l'amateur même des arts est tenté d'appliquer la réflexion morose d'Anaxagoras sur le tombeau de Mausole : « *Voilà bien de l'argent changé en pierres,* » ont-ils, en général, un cachet de mesquinerie et de faiblesse d'exécution, dont il est à craindre que des artistes choisis à l'enchère, et inspirés seulement par le *fa presto*, ne contractent la douce mais funeste habitude. Quant à la durée, je laisse aux architectes instruits à préciser l'époque assez voisine où la plupart de ces mausolées, véritable monnaie monumentale, iront confondre leurs débris avec les restes dont ils devaient éterniser la mémoire.

A part les considérations religieuses, morales, politiques, et l'intérêt de l'art, nous conviendrons volontiers que ce faste des tombeaux offre mille avantages, d'abord aux entrepreneurs en tous genres d'immortalité, puis aux amateurs d'existence posthume, qui, plus heureux que les Chéops et les Psammithicus, peuvent, tout calculé, même les frais nécrologiques, biographiques, et de rédaction d'épitaphes, se faire assurer pour bon nombre d'années, et à un prix encore très-raisonnable, une gloire qu'on ne saurait trop payer quand on y tient, et que l'on est réduit à l'*acquérir* de cette manière.

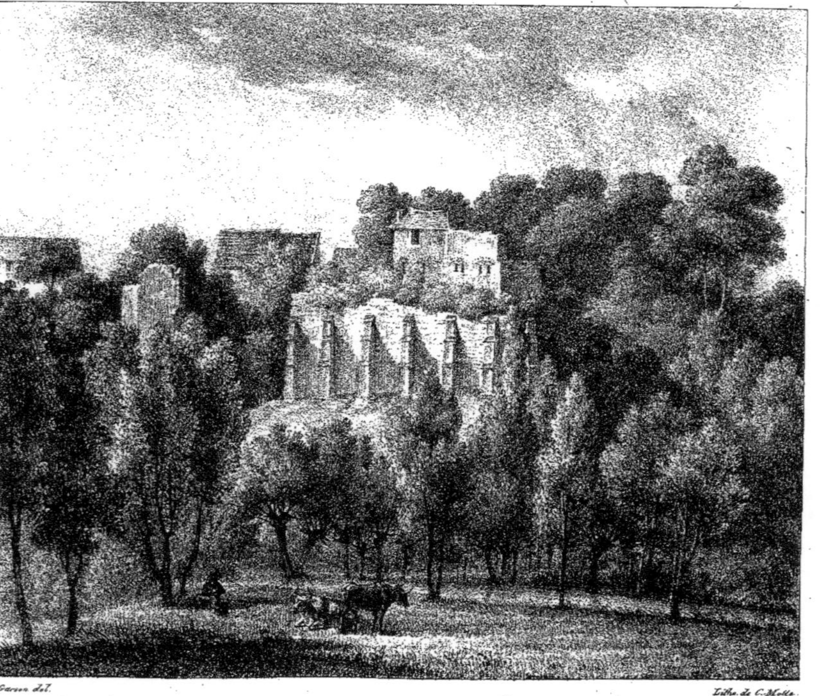

Garson del.

Litho. de C. Motte.

Vue de la ville haute,

prise de la promenade dite les Grandes Planches.

DEUX VUES:

L'UNE DU BOURG-NEUF, VU DES GRANDES-PLANCHES,

PAR M. GARSON,

ET APPENDICE A LA VUE GÉNÉRALE, PAR M. VILLENEUVE;

ET L'AUTRE DE LA PORTE DES BORDES, PAR M. LÉOPOLD LEPRINCE.

Bourg-Neuf.

Le revers septentrional de la montagne où *gît* la Ville-Haute, était mieux fortifié encore, depuis la tour Fenéron jusqu'au dernier palais des comtes, par son escarpement que par les murailles qui en défendent l'abord de ce côté. Ces murailles étaient néanmoins très-fortes, à en juger par les restes du Bourg-Neuf reproduits dans cette planche, dont nous avons circonscrit l'aspect, pour ne pas retomber dans les vues générales, ni *sur* les éternelles et inévitables tours de César et de Saint-Quiriace.

Ce n'est pas qu'en étendant le rayon, le point de vue, autrefois très-riche et très-meublé par les ex-églises de Notre-Dame-du-Château, de Saint-Thibaut, etc., ne soit encore très-remarquable près de la belle promenade des Grandes-Planches, particulièrement fréquentée dès le matin par les buveurs d'eau minérale.

L'œil y parcourt avec plaisir et non sans intérêt, au-dessus des riants pâturages baignés par le Durtein, le contraste pittoresque des masures de vignerons enveloppées de touffes végétatives et surmontées par la masse des deux tours, avec quelques constructions plus relevées et riches du moins en souvenirs, telles que l'Hôtel des Brebans, séjour de ce milon de Brebans, dont nous avons parlé dans la notice de Saint-Quiriace, et la maison où naquit saint Thibaut, non moins célèbre depuis, par la pieuse et philantropique affectation que lui donna l'abbé François d'Aligre, en y fondant une retraite d'orphelines qu'il dota de 100,000 écus.

Combien cet intérêt s'accroît lorsqu'on s'arrête surtout à ce dernier établissement encore cher, j'aime à le croire, à la mémoire de beaucoup d'habitans de Provins, dont les mères privées de leurs soutiens naturels, trouvèrent dans cette maison, avec un abri contre le malheur et le délaissement, une bonne éducation, principe de l'existence honorable de leurs enfans, et qu'on réfléchit en même temps, que le point même où l'on se trouve placé, ce magnifique rempart, la plus belle parure de la Ville-Basse, est une faveur d'un autre genre, due non-seulement à la générosité, mais en partie à la surveillance et aux travaux personnels du même prélat, infatigable de soins comme de bienfaits.

Beaux arbres, dont la voûte impénétrable, propice aux beautés provinoises, l'est encore plus aux habitués du temple dont vous ornez l'élégant propylée, en suspendant au-dessus de leurs têtes les rayons d'un soleil nuisible dans le régime des eaux; géans dont la majestueuse statue semblerait étaler l'orgueil d'une illustre origine, pourquoi faut-il que vous ne soyez plus les mêmes que planta, en partie de ses mains, le second fondateur de Provins [1]? Que n'a-t-il été donné à vos devanciers de fournir au moins la même carrière que le figuier de Remus et Romulus (*ficus Ruminalis*), qui garantit aussi le teint de ces deux jumeaux et en même temps celui de leur nourrice, de cet arbre dont Tacite déplore le dessèchement *subit* (après une existence, bien raisonnable pourtant, de sept cent quarante années) comme ayant été d'un mauvais présage; ou plutôt que ne furent-ils éternels ou à peu près, comme les huit oliviers de Jérusalem, seuls témoins existans de la trahison de Juda! Les visitant avec le même recueillement qu'inspirèrent long-temps aux voyageurs le chêne où saint Louis rendait la justice, ou l'arbre qui soutint Bayard expirant *en face de l'ennemi*, peut-être aurais-je reconnu ceux qui devaient aux soins personnels de cet entrepreneur, d'une nature particulière, un développement sans doute plus remarquable; je me serais assis près d'eux, me supposant à l'une des places où ce chef de travaux se reposait sur le gazon, et partageait quelquefois avec ses ouvriers leur modeste repas, moins frugal encore que le sien propre; j'aurais..... mais à quoi bon m'abuser par des prestiges : ne sais-je pas qu'après une existence de quatre-vingt-douze ans,

[1] Les ormes plantés en 1680 par l'abbé d'Aligre, furent abattus en 1773, et remplacés en 1775. Ceux qui bordent le rempart des Grandes-Planches n'ont donc que quarante-huit ans de plantation; qu'on les compare avec ceux des boulevards du sud, dans la capitale.

égale par conséquent à celle de leur tuteur, ils ont succombé comme lui sous le poids de l'âge ; car écartons l'idée qu'ils aient pu tomber, avant le temps, victimes d'un froid calcul d'exploitation en temps utile, ces arbres dont la vétusté devait être respectée comme l'inutilité d'un vieux serviteur retiré sous le toit hospitalier de ses maîtres : mais du moins ont-ils laissé, eux, de dignes successeurs.

De dignes successeurs....., et lui aussi il en eut, il en conserve encore dans sa famille même où la tradition des nobles actions et de la générosité sans faste semble se perpétuer.

Provins n'était que le séjour accidentel et la partie d'adoption de l'abbé d'Aligre, qui s'était d'abord exercé dans la carrière des belles actions, en comblant de largesses le pays de Chartres, berceau de sa famille. Cette dernière ville, plus heureuse que ne l'a été Provins depuis la mort de ce prélat, n'est pas restée déshéritée par sa perte de tous autres témoignages d'affection et de générosité. Elle a trouvé, dans les neveux et arrières-neveux de l'abbé d'Aligre, des continuateurs de ses exemples et presque des commentateurs de ses œuvres : heureuse famille que celle où la bienfaisance est héréditaire et se transmet surtout avec la fortune [1] !

De ce que Provins devenu malheureusement étranger à cette famille, a cessé dès-lors de participer à ses bienfaits, s'ensuit-il que nous devions nous abstenir d'entretenir ses habitans, auxquels ces notices sont particulièrement consacrées, des circonstances qui pourraient ajouter à leurs regrets? Non, puisqu'en témoignant de l'heureuse fécondité des exemples transmis par leur bienfaiteur, nous pouvons honorer à la fois celui qui les donna et ceux qui les suivirent.

Ce fut fortuitement que nous nous trouvâmes informés, par suite de la publication d'une de nos précédentes notices sur l'abbé d'Aligre, que ce bienfaiteur de l'humanité revivait tout entier pour la ville de Chartres et pour plusieurs communes voisines dans un héritier du même nom et des mêmes

[1] Qu'on ne dise pas que l'importance de la fortune enlève aux actes de bienfaisance une partie de leur prix; l'autorité de l'expérience démentirait ce principe assez spécieux, en prouvant que la générosité et la bienfaisance sans *apparat*, semblent prendre à tâche de choisir leur séjour chez les hommes, en raison inverse des moyens qu'elles leur connaissent de satisfaire largement d'aussi nobles passions. Un riche réellement bienfaisant est plus rare qu'un *malheureux* prodigue (si l'on peut l'être) d'œuvres de charité.

vertus, et que ce nom, illustré à la fois par les souvenirs historiques et, dans ce moment, par les hautes fonctions de la pairie, recevait dans ce pays un nouvel éclat de l'obscurité même, dont le continuateur [1] de son grand-oncle cherchait à environner un grand nombre d'actes de bienfaisance, de fondations d'hospices, etc.

Nous sommes sans mission pour soulever ce voile à peine transparent, même pour les malheureux qui participent à ces bienfaits; mais, convaincus des avantages de la publicité des bonnes œuvres sur des cœurs engourdis, qui souvent n'attendent qu'une direction; sachant qu'il est du devoir de l'obligé ou de son confident de parler lorsque le bienfaiteur se tait: nous acceptons de grand cœur la responsabilité de l'indiscrétion bien préférable à celle de l'ingratitude, certains d'ailleurs que mille voix comprimées jusqu'ici par des considérations, dont nous avons le courage de nous affranchir, sont prêtes à s'élever pour appuyer notre témoignage.

Si l'on pensait qu'il pût être contredit, qu'on s'adresse aux autorités de Chartres et particulièrement aux habitans pauvres des communes de Beville-le-Comte, de Voux, d'Archevilliers, etc., où les sœurs de Sainte-Camille, instrumens si dociles de toutes les volontés généreuses, dispensent sous ses auspices l'éducation à l'enfance, des soins à la vieillesse et des secours et consolations au malheur et à la souffrance.

Riches de la terre, que les moyens employés pour conquérir ce titre, n'ont pas cuirassés d'avance contre la *contagion* de semblables exemples; prodigues, qui cherchez, mais vainement, dans l'étalage du faste et des largesses d'ostentation un remède aux ennuis causés par la pléthore de tous biens; âmes débonnaires, mais qui, plongées dans la torpeur de l'indifférence, aimez à présumer qu'il n'existe pas d'autres besoins que les vôtres, et vous-mêmes, éloquens apôtres de la bienfaisance, qui vous croyez quittes, et même *en avance* envers l'humanité, pour avoir honoré de votre haut patronage quelque théorie philantropique inexécutable ou quelque système d'économiste incompréhen-

[1] Continuant son oncle sous un autre rapport, M. le marquis d'Aligre, qui n'est, dit-on, rien moins qu'étranger aux arts, s'est acquis des droits à la reconnaissance des amateurs et des artistes, et a donné aux rejetons actuels des grandes familles un exemple qui aura sans doute des imitateurs; nous voulons parler de la restauration faite à ses frais, du monument funèbre de sa famille dans une des chapelles de l'église Saint-Germain-l'Auxerrois, et notamment de la statue en marbre du chancelier Étienne II, que l'abbé d'Aligre fit élever à son père.

sible, descendez un instant dans les asiles incessamment visités par ces sœurs. Voyez ces anges de charité exercer leur triple ministère avec une sérénité que n'altèrent aucune difficulté, aucun rebut, aucune répugnance, mais qu'augmentent les bénédictions des malheureux, qu'en dépositaires fidèles, elles reportent entières au bienfaiteur : voyez ce que coûtent ces bienfaits, ces bénédictions, de quelle faible portion ils réduiraient ce superflu dont la source, souvent impure, s'ennoblirait par un pareil emploi. Essayez une fois, une seule fois, de ce remède contre l'ennui, les confiances trompées, les ambitions déçues et bientôt vous savourerez et vous apprécierez le vrai sens de ce mot de l'abbé d'Aligre, si bien compris par son neveu et déjà cité par nous : « *Que la fortune n'est bonne que pour vivre et non pour mourir.* »

Appendice à la Notice de la Vue générale.

La vue générale de Provins, qui devra être placée en tête ce Recueil, est prise du même côté que la vue restreinte du Bourg-Neuf, mais d'un point plus éloigné. L'artiste s'est placé à *Saint-Silas* [1] (ou Saint-Siloë), maison située sur le Mont-Jubert, où nous avons dit que Henri IV transporta son quartier-général, précédemment établi au couvent des Cordeliers, lorsqu'il s'aperçut que l'artillerie des vignerons tirait sérieusement sur lui.

Cette vue d'ensemble ne reproduit que le Provins actuel, bien différent de ce qu'il était, seulement il y a trente ans, avant la démolition de beaucoup d'églises de diverses importances [2], des dix-sept clochers qui les surmontaient, des portes de Changis, de Troyes, des Bordes, de Buat, de Culoison, etc.

Les traces de cette splendeur secondaire, depuis l'abandon de la Ville-

[1] La petite statue d'une princesse de Champagne, reproduite par la vignette placée sur la couverture de la troisième livraison, est dans un des bosquets du jardin de cette maison. Elle doit aux soins d'un amateur des Arts, M. Michelin, de n'être pas encore gisante parmi les décombres de l'église Saint-Thibaut. Cette vignette, tirée particulièrement sur même papier que les autres vues, pourra se placer ici.

[2] Les plus notables, avec celles de Notre-Dame-du-Val, qui conserva du moins sa tour, étaient celle des Cordeliers, dont sont tirées les belles boiseries de Saint-Ayoult et celles des Jacobins, qui mérita bien son sort en 1793, époque où, par un bizarre rapprochement de mots, son couvent servit de prison à la vertu persécutée par le crime.

Haute, conservées dans des dessins *originaux*, d'une exécution très-bizarre, existent, en outre, dans une belle description en vers examètres et pentamètres due à M. Billate, chanoine de Saint-Quiriace, qui écrivait vers 1740.

Pour ne pas effaroucher nos lecteurs qui, même dans la ville de *César*, peuvent n'être pas plus familiarisés que nous-mêmes avec cette langue *mère*, abandonnée par tradition, à l'usage de nos enfans, qui se hâtent de l'oublier en quittant leurs classes, contentons-nous de citer le début qui n'a rien d'affecté, suivant le conseil du régent du Parnasse, de ce petit poëme dont tout le mérite n'est pas dans le sentiment patriotique qui l'a dicté.

Pruvinum, Briæ caput olim, proxima trecis
Eminet urbs; alto suspiciendo jugo
Urbs, inter primas regni, non ultima quondam;
Urbs, populosa viris, et spaciosa loco.

. . . .

Porte des Bordes.

La porte des Bordes, placée à l'extrémité du pont de pierre, construit par Thibaut IV, qui traverse la vue que nous donnons, a été démolie comme tous les autres monumens de ce genre, qui entouraient la Ville-Basse; aussi n'est-ce pas son aspect que nous reproduisons dans nos vues *positives*, mais seulement celui de l'emplacement qu'elle occupait et auquel elle a légué son nom.

Cet héritage a été également partagé par une portion de la rivière voisine du pont, connue encore aujourd'hui sous le nom effrayant d'*Abîme des Bordes*. Quoique cette qualification gigantesque paraisse hors de proportion avec la largeur du ruisseau et le mince volume d'eau qui forme le trop plein du gouffre, nous l'adopterons de confiance plutôt que de sonder la noire profondeur de cet abîme où, dit-on, plusieurs curieux ont déjà englouti, avec leur existence, le secret qu'ils avaient promis de révéler. On cite encore à Provins le fait d'un nageur bravache, *trop sûr* de lui-même, nommé Martial, qui disparut à tout jamais dans ce cratère aquatique, il y a quelques cinquante ans. Il faut peu de chose pour s'illustrer en province.

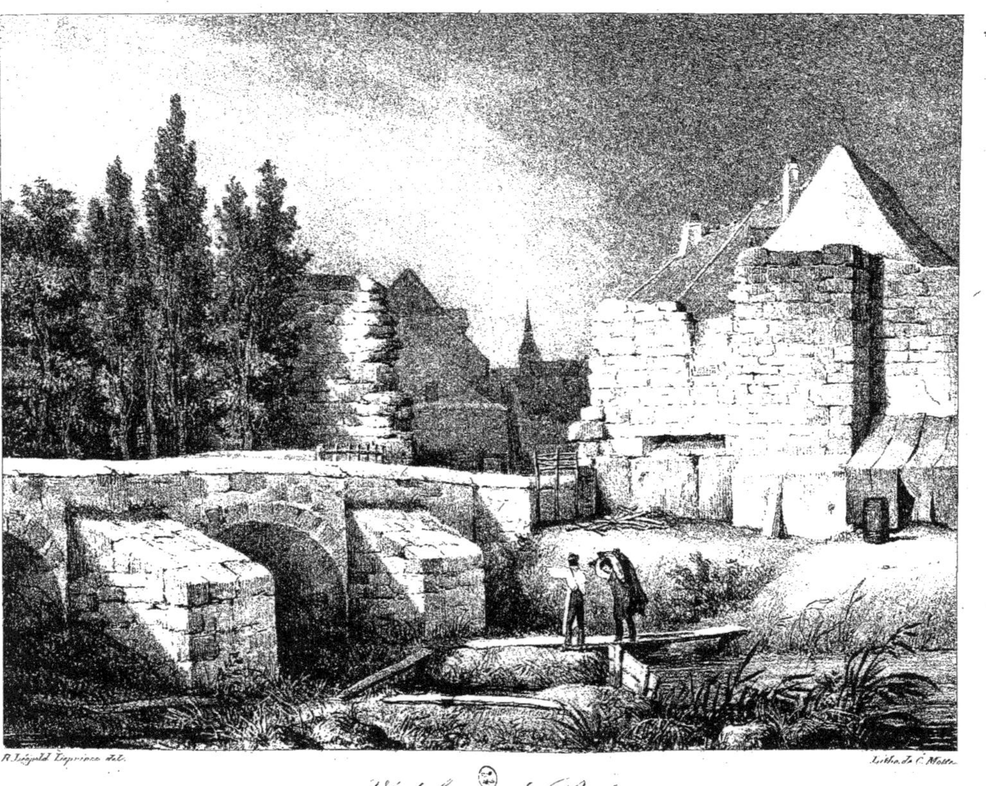

R. Léopold Leprince del. Litho. de C. Motte

Vüe de la porte des Bordes.

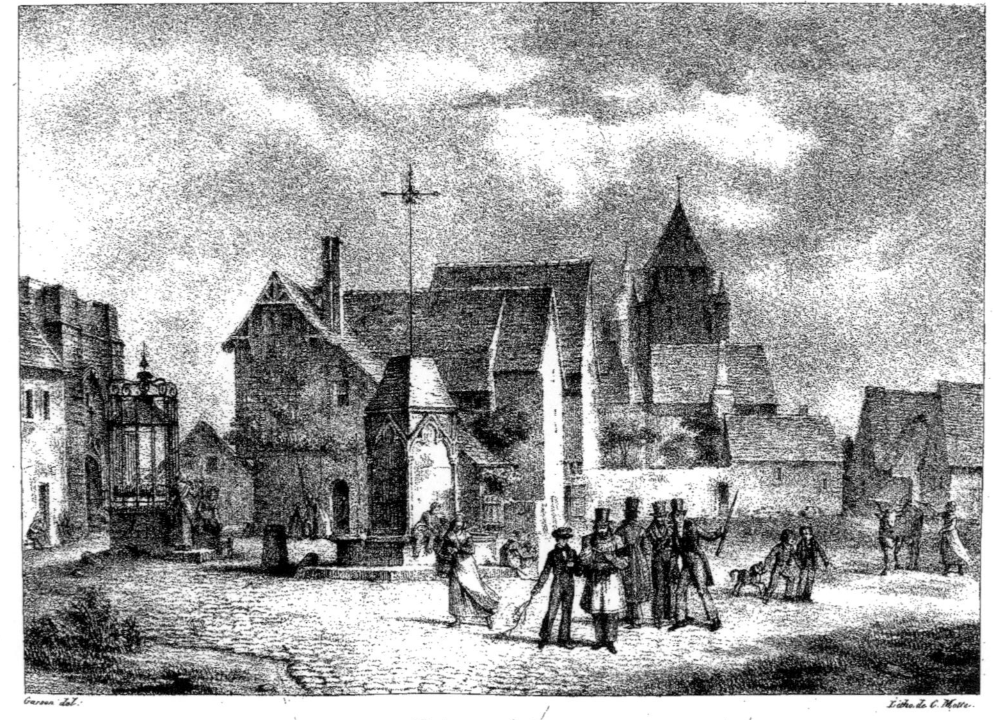

Garson del.

Litho. de C. Motte.

Place du Châtel

VUE DE LA PLACE DU CHATEL,

PAR M. GARSON.

Que, plein des souvenirs de la grandeur de Rome, du nombre et de la majesté des monumens *indestructibles* de cette ville qualifiée d'*éternelle*, par Tite-Live, Varron, Pline et tous les historiens contemporains de sa gloire, un jeune lettré, plus familiarisé avec ces auteurs qu'avec nos voyageurs modernes, se trouve transporté au sein de cette ancienne capitale de l'univers : pressé d'explorer les lieux où naquirent et se développèrent les germes de sa prospérité et les droits de son peuple-roi à l'empire du monde ; dédaignant de s'arrêter à ces cirques qu'il se représente comme encore fumans d'un sang sacrifié à de barbares caprices, à ces thermes fameux, à ces nombreuses naumachies qui n'attestent, selon lui, que le luxe, la mollesse et l'oisiveté des héritiers déjà déchus de cet empire, il demande à grands cris le *Forum romanum*.

Il sait d'avance quelle admirable réunion de monumens pompeux et de motifs inspirateurs il va trouver dans cette seule enceinte : que, près du berceau de Romulus, il verra le temple de Vesta, veuf, il est vrai, de ses prêtresses et par suite du feu sacré qui n'a pas dû leur survivre, mais habité du moins par le souvenir de Numa ; qu'à peu de distance de ce temple, se trouve la *Pila Horatia*, long-temps chargée des dépouilles de ces Curiaces dont la défaite assura, dès l'origine, la suprématie de Rome ; qu'il pourra parcourir ces vastes portiques, dont le premier Tarquin entoura le Forum, sans craindre alors de s'abîmer dans le gouffre où Curtius s'y dévoua au salut de tous, ni de s'embourber dans *la Cloaca maxima*, qui *prend sa source* au même lieu présenté par Pline le jeune et Sénèque, comme étant la place de Grève de Rome. S'il ne lui est pas donné d'entendre les éloquentes harangues sorties de cette tribune souillée à jamais par les outrages qu'y reçut la tête de Cicéron de la part de l'épouse de son assassin ; il lui sera permis du moins de repeupler, dans sa pensée, ces célèbres *Rostra*, hérissés encore sans doute de proues des vaisseaux pris sur les Antiates. Embrassant d'un coup d'œil tous les rouages de ce gouvernement fameux, il pourra voir siéger, presqu'à la fois, le sénat et les consuls à la *Curia hostilia*, et les tribuns à la *Basilica portia*, et assister en même temps aux assemblées tumultueuses des chevaliers et du peuple, dans le *Comitium*; profitant de l'occurrence, il consentira à visiter, dans la même enceinte, mais avec moins d'intérêt sans doute, les temples de Saturne, de Janus, de la Paix, de la Concorde; la basilique de Paul-Émile, les statues de Sylla, de Pompée et d'Auguste; les temples d'Antonin et Faustine, de Vespasien, même les arcs de Tibère et de Septime Sévère, et jusqu'au mille doré d'Auguste, qui lui rappellera l'origine de ces bornes milliaires qui ont abrégé sa route, par la division des distances.

Eccò il foro, lui dit son cicérone en l'arrêtant, au milieu du *campo Vaccino*. O déception! quel nuage couvre sa vue? se pourrait-il? quoi, cette plaine aride au milieu de quelques débris informes, ce champ bouleversé et couvert de friche que semble dédaigner la charrue, n'est autre que le point où, pendant tant de siècles, se débattirent et se fixèrent les destinées du monde, le lieu où Scipion, accusé par les tribuns, offrait pour toute défense le souvenir de sa gloire, et entraînait au temple jusqu'à ses accusateurs; celui où César tomba sous les coups de son *digne fils* Brutus? l'herbe que broutent ces vils animaux couvre le sol foulé tant de fois par les Numa, les Caton et les Paul-Émile, dont les monumens brisés restent encore en partie enfouis sous ce sol même; ces pierres.......

Mais où veut-il en venir? se demandent déjà nos lecteurs; dans sa chaleur pour les intérêts de Provins, et surtout de feue la Ville-Haute; aurait-il conçu l'idée de nous donner sa place *du Châtel* pour un *forum* ou même pour un *Campo Vaccino*, par cela seul que les vaches et autres animaux[1] y broutent et s'y trouvent souvent en plus grand nombre que les hommes? pourquoi non?

[1] Ce n'est pas d'aujourd'hui que les animaux de diverses sortes circulent librement dans les rues de Provins, et y jouissent de toute l'étendue de leurs facultés, restreintes cependant, à quelques égards, par le règlement suivant, donné en 1269 par le comte Thibaut V, et qu'il serait plus à propos que jamais de remettre en vigueur : « *Ordonnons que li boulangiers et li talmeliers qui demorront en » la ville de Provins et rues* foiraines, *puissent t nir pourceaux*, se ils les ont, *mettre hors deux fois » le jour pour pissiers, et les fassent garder tandis; et tantost les rentrée et leur tuez. Ne volant pas » qu'on mette lesdits boulangiers à amande, ne preigne à choison quand ils mettront hors leurs pourceaux » deux fois le jour pour pissier se il n'avenoit que ils les y laissassent trop longuement en manière que li » voisins s'en plaississent on deussent plaindre, etc.* »

Supposez que le puits, très-profond, je vous assure, que vous remarquez au milieu de la planche, soit le gouffre de Curtius; *considérez* la jolie base *gothique* de la croix placée près du puits, comme les restes de la *Pila horatia*; le cadran solaire qui vous fait face comme le gnomon de Messalla [1], et l'une des pierres tumulaires (tirées de l'abbaye de Close-Barbe) qui se trouvent encore près du puits, comme le mille doré d'Auguste. Admettez que les ogives en ruines de Saint-Thibaut soient les arcades ceintrées, également délabrées, du temple de la Paix, que les restes du château de la Buffete, dont nous parlerons tout à l'heure, et qui servent de magasin à un *épicier*, soient le monument religieux de San Lorenzo *in miranda*, élevé en 1602, par la communauté des *Apothicaires*, au milieu des colonnes du temple de Faustine, et que *l'allodium telarum* (vulgairement le marché aux toiles) qui se tenait autrefois près de cette place, ait d'autres rapports que celui de la consonnance et du tumulte avec le *Comitium*: prenez, si vous voulez, les tours de César et de Saint-Quiriace qu'on aperçoit dans le fond, pour les colonnes restantes du temple de Jupiter *Stator*, et cette dernière église même, ainsi que Notre-Dame-du-Château, pour celles de Sant' Adriano in campo vaccino et de *San Giuseppe de' Falegnami*; meublez le tout d'abord de *vrais Romains*, si le cœur vous en dit, puis, à leur départ, de Gaulois fameux, puis de tous les personnages dont nous avons parlé, et jugez vous-même s'il exista jamais une analogie plus parfaite entre deux points fort éloignés; que, si quelques critiques plus difficiles veulent argumenter sur l'étendue du sol, sur l'importance des souvenirs, et surtout sur la dimension des cornes (bien autrement remarquables à Rome) des animaux qui justifient le rapport actuel de cette place avec *le campo Vaccino*, redoutant les chicanes, je passe sans regret condamnation, sur cette comparaison sans doute un peu hyperbolique.

Peut être ce qui précède donnera-t-il un trop flatteur avant-goût des jouissances promises, à qui consentirait à escalader la Ville-Haute, sur la foi de nos *images*; mais on ne pourra pas du moins nous accuser d'un charlatanisme

[1] Le premier cadran solaire qui fut connu à Rome, y fut apporté de Sicile, par Valerius Messalla, environ trois cent vingt ans avant J.-C. On le plaça sur le Forum. Il lui manquait, pour être exact, d'avoir été calculé d'après la latitude de Rome, mais on n'y regardait pas de *si près* alors. On cite comme exemple plus gai de la confiance aveugle dans l'effet de cette horloge solaire, ce trait d'un *esclave* moderne apportant à son maître, pour qu'il vît l'heure *lui-même*, le cadran qu'il lui était prescrit d'aller consulter.

qui peut se trouver dans notre langage, jamais dans nos intentions, puisque le correctif se trouve dans la vue exacte, et bien nue par conséquent, que nous donnons de cette place dans son état actuel.

Que les esprits froids ou forts, car c'est tout un, pour qui la magie des souvenirs et *l'ubi Troja fuit* ne sont rien, se dispensent donc de gravir avec nous la côte escarpée et raboteuse de la Ville-Haute ; ils en seraient pour leurs peines et pour un grand désappointement. Quant aux amateurs d'une trempe plus ou moins forte, nous leur laissons faire ce trajet à leurs risques et périls, les *voyant* d'ici, haletans de fatigue et d'espoir, demander, non sans murmurer un peu contre nous, ce qu'on peut trouver de remarquable dans cette place à laquelle ils parviennent d'abord, nous allons nous occuper de le leur dire.

Après s'être orienté du petit puits [1] qui forme à peu près le point central de cette place, on reconnaît facilement que de larges rues, obstruées depuis par des masures, établissaient, sur ce point, de belles communications entre le palais des comtes, la tour de César et Saint-Quiriace, avec les belles portes Saint-Jean et de Jouy, et par conséquent avec les principaux édifices de la Ville-Haute, placés dans la ligne correspondante. Il suffit aussi de jeter les yeux sur quelques beaux arceaux en pierre existant encore à l'angle nord de cette place, comme sur de belles ouvertures de caves voûtées, servant de granges, et voisines de cet angle même, pour rester convaincu que les constructions surplombées en pan de bois, qui garnissent cette place, quoique très-vieilles, ne sont par ses ornemens primitifs. L'explorateur digne de ce nom s'en convaincra bien plus facilement encore, en traversant une boutique d'épicerie, située sur la place vis-à-vis la petite croix ; il trouvera dans une arrière-cour une charmante petite salle gothique du meilleur goût, dont la voûte élégante est supportée par des piliers où l'on remarque des chapiteaux d'une grande originalité, notamment celui représentant *Adam et Ève*. On nomme cette salle le château de la Buffette. C'est prendre la partie pour le tout, car nul doute, d'après la position et la disposition de cette localité, qu'elle n'ait été la dépendance d'un édifice remarquable qui devait faire façade sur la

[1] Ce puits, nécessairement très-creux, d'après la position élevée de la place, est alimenté par un ruisseau souterrain qui prend sa source à la citadelle, près la porte Saint-Jean, et traverse toute la Ville-Haute jusqu'au collége, desservant en outre, en chemin, le puits de la Boucherie, près Saint-Thibaut, et celui de Saint-Quiriace.

place du Châtel, nous serions même disposés à contester à cet édifice, non mentionné dans les manuscrits de Provins, l'honneur d'avoir donné son nom à la place que nous décrivons, si nous n'avions *lu* que ce nom lui venait du château des comtes cependant assez éloigné.

Il y avait en outre sur cette place, où s'allumaient les feux de joie, lors des réjouissances publiques, indépendamment de diverses halles, une belle synagogue de Juifs et plusieurs grandes auberges très-renommées.

L'une d'elles, celle du petit Écu, dont la construction subsiste encore à l'entrée de la rue couverte, à l'ouest, devint particulièrement célèbre par le sort qu'eut, de son vivant et après sa mort, l'hôtellier qui la tenait en 1476.

Nous terminerons cette notice, en racontant le *tour que lui fit la justice*, et la réparation un peu tardive qu'il en reçut.

Cet aubergiste, nommé Laurent Garnier, fut pendu à Paris, pour avoir tué un collecteur; mais, en 1478, dix-huit mois après cet *incident*, et bien que l'état de choses ne fût pas changé, au moins pour le collecteur, un des frères de Garnier obtint sa réhabilitation, qui se fit comme on va le voir.

Son corps, dépendu du gibet de Monfauçon, fut ramené à Provins pour y recevoir, aux yeux de tous, les honneurs de la sépulture. « *Devant la* » *bierre, est-il dit dans l'histoire de Louis XI, alloient quatre crieurs de* » *Paris, sonnant leurs clochettes, portant sur leur poitrine les* armoiries *du-* » *dit Garnier (sans doute un petit écu). Un d'eux criait : Bonnes gens, dites* » *vos patenôtres pour l'âme de feu Laurent Garnier trouvé mort sous un* » chêne. »

C'était au moins un mot honnête pour un mot qui ne l'était pas.

VUE DES RUINES DE St.-PIERRE ET DE St.-FIRMIN,

ET DE L'ÉGLISE DU COLLÉGE; PAR M. COLIN.

Les arcades en ogive, dont les ruines occupent le premier plan, appartenaient à l'église souterraine de Saint-Firmin, au-dessus de laquelle était placée l'église de Saint-Pierre, l'une des quatre paroisses de la ville.

L'église souterraine fut construite par *Alix de Crespy*, épouse de Thibaut III, et dédiée à *saint Firmin*, comme étant destinée à recevoir un os du bras de ce saint, premier évêque d'Amiens. *Foulques*, alors pourvu du même évêché, fit ce présent à sa cousine-germaine et reçut en retour du comte Thibaut, pour l'église d'Amiens, le village et la seigneurie de *Croissy-sur-Serre*.

L'église Saint-Pierre, élevée par le même comte, était remarquable par sa tour carrée, surmontée d'une balustrade en pierre, garnie de statues de saints.

Ces deux églises, celle du collége, l'église Saint-Quiriace et la chapelle de l'Hôtel-Dieu, se trouvaient placées sur une surface de terrains *contigus*, qui ne comprend pas plus de trois ou quatre arpens. Cette multiplicité et ce rapprochement de temples, consacrés à la pitié, se faisaient remarquer de nouveau à quelque distance de ce point, par la proximité des églises de Saint-Thibaut, de Notre-Dame-du-Château, des deux églises du refuge de Preuilly et de celle de l'abbaye de Saint-Jacques, et le tout pour la Ville-Haute *seulement*.

Le presbytère de l'église Saint-Pierre était précédemment l'hôtel des monnaies de Provins, fondé vers 800, par Charlemagne, et qui subsista jusqu'en 1336; ce que prouve l'épitaphe de Simon Davallon, *dernier* monnayeur et bourgeois de Provins, trouvée dans l'église de Saint-Firmin. Il existe dans

PROVINS.

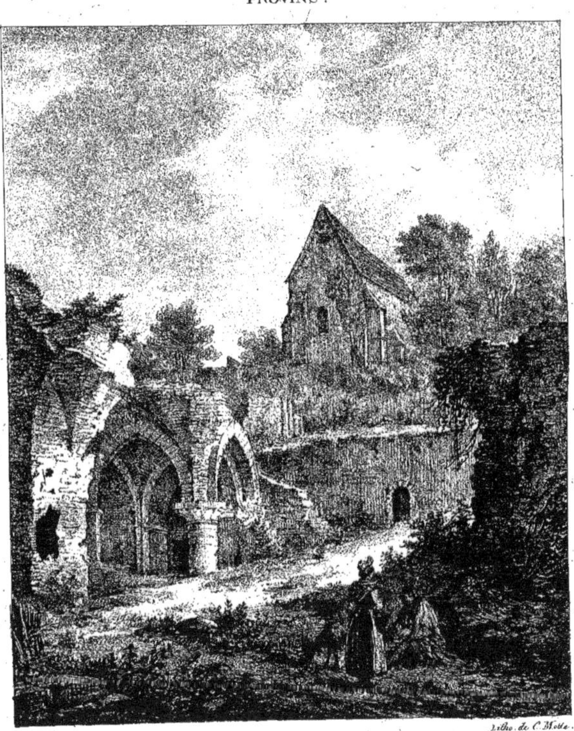

Colin del. — Litho. de C. Motte.

Vue des ruines de Saint-Pierre
et de l'église du collège.

les collections beaucoup de médailles et de pièces de monnaie de divers métaux, frappées à Provins, sous les comtes [1].

L'église du collége, qui couronne le point de vue, comprend deux chapelles superposées, comme le sont beaucoup d'autres constructions de ce genre dans la Ville-Haute, où le terrain, par une progression inverse, était sans doute plus précieux au XIIIe siècle qu'au XIXe.

C'est sur le bel emplacement, occupé par le collége, dont cette église dépend, que le comte Thibaut IV fit bâtir, vers 1238, le palais qui remplaça le vieux château situé près de la grosse tour [2], et qui a été habité jusque-là.

[1] La tradition place dans le voisinage de l'église Saint-Pierre, non construite alors, la scène suivante de l'action héroïque d'*Anne Musnier*, belle-fille de Pierre de Langres, prévôt de Provins vers 1170, sous le comte Henri Ier.

Les libéralités de ce prince ne purent le garantir des complots des méchans, enhardis en général par l'absence des moyens de surveillance dont une âme pure néglige de s'environner, et, au pis aller, par l'espoir de l'impunité qu'ils puisent dans la conviction de la générosité de leurs victimes : aussi les assassinats *historiques* ont-ils été presque toujours dirigés contre les meilleurs princes.

Trois gentilshommes avaient tramé, contre Henri, une conspiration qui devait éclater à Provins, et dont Anne Musnier eut fortuitement une connaissance positive; cette femme courageuse et dévouée à ses princes, après avoir revêtu une cotte de maille sous les habits de son sexe, se rendit au lieu du rendez-vous, voisin du palais, et poignarda le plus déterminé des trois conjurés. Assaillie par les deux autres, elle tomba percée de leurs coups, mais les traîtres furent saisis à l'instant, et expièrent leur félonie par le supplice des régicides (l'écartellement).

Le comte Henri et Thibaut, son frère, honorèrent, autant qu'il dépendait d'eux de le faire, le dévoûment de cette héroïne par l'ennoblissement héréditaire de son époux, Gernold de Langres, dont la famille s'est éteinte, sous François Ier, dans la personne de Simon de Langres.

[2] Ce vieux château, devenu l'hôtel de la Mairie, après l'abandon des comtes, était particulièrement célèbre, comme théâtre de l'assassinat du maire *Pentecoste*, victime, en février 1279, d'une sédition qu'il détermina, en allongeant la journée des ouvriers drappiers dans l'intérêt de leurs maîtres, et pour dédommager ces derniers des impôts extraordinaires que Jeanne de Navarre leva sur eux. Pentecoste fit bonne contenance, mais les furieux, au nombre de quatre à cinq mille, le massacrèrent, ainsi que plusieurs de ses domestiques, et brûlèrent sa maison après l'avoir pillée. Inhumé sans pompe, par ses amis, dans l'église Saint-Jacques, il y était représenté en habit d'ancien chevalier, tenant un poignard dont la pointe entrait dans sa gorge. Le pape Martin IV fit assigner 20 livres tournois pour la fondation, dans l'église Saint-Quiriace, d'une chapelle Saint-Nicolas, où l'on officiait pour le repos du maire assassiné. Il en coûta bien davantage pour apaiser ses mânes, à la ville de Provins, et particulièrement aux maîtres drappiers, qui, ayant été déclarés, par le comte Edmond, solidaires de leurs ouvriers, furent tenus, entre autres charges, de faire arriver à grands frais, dans la Ville-Basse, les eaux d'une source qui domine Provins à plus d'un quart de lieue. L'ordre qui leur imposa cette obligation exprime que c'est pour *laver d'autant* le

par les comtes ses prédécesseurs. Le choix de cet emplacement ne laissait rien à desirer. Du bâtiment, situé à l'angle de la montagne et affecté à la résidence personnelle des comtes, l'œil s'étendait à la fois au nord, au levant et au sud, et embrassant toute la Ville-Basse, dans son large développement, offrait au souverain un moyen synoptique de surveillance sur sa capitale.

Ce bâtiment a cédé aux efforts du temps. Il n'en reste qu'un vieux pignon donnant sur le nord et dans lequel on remarque, au milieu des festons de lierres, les chambranles sculptés de deux croisées gothiques. Avec quel empressement j'ai saisi, sans la discuter, la tradition locale qui désigne ces croisées comme étant celles de la chambre à coucher de Thibaut IV, de ce lieu d'où ce Prince avait en effet constamment sous les yeux le bâtiment si majestueux et aujourd'hui si utile, dont il vit, dans cette pièce même, sainte Catherine lui tracer le plan! Heureuse inspiration, surtout par ses résultats actuels!

Partant de cette simple donnée, qui suffit à une âme ardente, quel amant des nobles souvenirs ne reconstruira pas avec moi, en bravant l'épithète de *visionnaire*, que quelques lecteurs viennent sans doute de donner à Thibaut IV, le palais où ce prince guerrier, ami des Lettres qu'il cultivait, et protecteur éclairé des Arts et des Sciences, forma ces réunions de savans, qualifiées, par Velly, de première Académie française. Oui, j'en jure par *ma conviction*, ces croisées sont celles dont les vitres contenaient les fruits des délassemens poétiques que Thibaut IV, suivant l'usage du temps, traçait de sa main sur le verre. Il me semble y lire les ballades guerrières du paladin précurseur de saint Louis dans les expéditions d'outre-mer et près des gais Virelais, et des nombreux chants de triomphe amoureux du prince troubadour, les lamentations élégiaques, et les boutades poétiques de l'amant non favorisé de la vertueuse Blanche de Castille [1]. Pourquoi faut-il que la

crime de sédition, d'ailleurs puni par le supplice des chefs, par la rupture de la cloche de Saint-Pierre; *coupable* d'avoir sonné le tocsin, et qui, après avoir été le principal moteur de la sédition, en sonnant la retraite une heure plus tard, eut *sans comparaison*, le sort réservé à tous les artisans de révolutions. L'énormité des frais occasionés par cette conduite d'eau est encore consacrée par le nom de *Fontaine aux Ecus*, que conserve cette source.

[1] Les historiens diffèrent d'opinion sur ce point; si l'on en croyait les croniques du temps, commentées et malicieusement interprétées d'abord par *Mathieu Pâris*, historien anglais, contemporain de Thibaut, par le président Fauchet, André Duchêne, Baugier, Varillas et Mézerai, presque tous

fragilité de la substance, qui recélait ces trésors, m'enlève l'espoir de retrouver, à force de soins et de fouilles, le plus mince débris d'aussi précieux manuscrits ?

les vers dont les vitres et les murs du palais de Provins étaient couverts, auraient été inspirés à Thibaut par sa passion pour la reine Blanche, sentiment que quelques-uns font remonter au vivant de Louis VIII.

Claude Fauchet, dans son ouvrage sur les Anciens Poëtes français, explique même ainsi l'origine et l'effet de la vocation poétique de ce prince : « *lui venoit souvent en remembrance le doux regard de la* » *roine et sa belle contenance : lors si entroit dans son cœur la douceur amoureuse ; mais quand il lui* » *souvenoit qu'elle estoit si haulte dame et de si bonne renommée et de sa bonne vie et nette, qu'il n'en* » *pourroit ja jouir, si muoit sa douce pensée amoureuse au grande tristesse ; et pour ce que profondes* » *pensées engendrent mélancolies, il lui fust dit d'aucuns sages hommes, qu'ils s'estudiat en beaux sons et* » *doux chants d'instruments ; et si fit-il, etc.* »

Selon Mézerai, cette passion fut telle que, malgré la perte que fit Thibaut, de Montreau et de Bray, par suite d'un démêlé avec Louis VIII, « *il persista dans sa folle passion pour la reine qui l'avait* » *ruiné, et se retira dans son château de Provins, à composer des vers et des chansons pour entretenir* » *son amoureuse rêverie.* »

Le sentiment de ces auteurs a été fortement combattu dans les dissertations de Lévêsque de la Ravallière, qui, en publiant en 1742 une édition des poésies de Thibaut, s'est autorisé, pour contester ces assertions, du silence de Joinville et des autres historiens *français* contemporains, des mauvaises dispositions de l'historien anglais, Mathieu Pâris, pour la maison de France, et surtout de la distance d'âge, de plus de quinze années, qui existait entre Thibaut né en 1201, et Blanche de Castille mariée, en 1200, à Louis VIII et qui aurait eu 55 ans et dix enfans, à l'époque (1240) où on la supposait encore la muse inspiratrice des poésies de Thibaut. Le savant dissertateur dont les opinions ont été partagées depuis par le président Bouhier, par Moreri et par M. Walkenaër dans son article biographique sur Lévêsque, va jusqu'à déterminer que le principal objet des chants de Thibaut, souvent désigné par le nom de blonde coulourée et non couronnée, comme on l'a imprimé par erreur, était la fille d'un chambellan de saint Louis.

La croisade dont parle le roi de Navarre dans quelques-unes de ses chansons, est celle de 1239 qu'il commanda trois ans avant le départ de saint Louis.

Il existait également une divergence complète d'opinions sur le mérite des poésies de ce prince, qui, comme tous les autres, fut en butte à la médisance et même à d'affreuses calomnies, jusqu'au moment où la publication de ces premiers essais dans un genre qui s'est depuis si bien naturalisé en France, a dispensé les gens de Lettres de juger sur paroles et de flotter incertains entre l'opinion de *Claude Fauchet*, qui cite ces chansons comme *les plus délitables et mélodieuses qui onques fussent oyes en chançons ne en instrument*, et l'amère critique de Varillas qui, dans son *Histoire de la minorité de saint Louis*, reproche à Thibaut d'avoir fait graver sur le bronze, et exposer ses vers aux yeux de tout le monde dans les galeries de son palais de Provins, *comme s'il eût eu peur que les siècles à venir ne fussent pas assez instruits de sa folie ou que le sien manquât de satires.*

Des autorités, bien autrement imposantes que Varillas sur cette matière, s'étaient cependant déjà prononcées en faveur des poésies du roi de Navarre, particulièrement en Italie, où *le Dante*, qui écrivait quelques années seulement après la mort de Thibaut, cite ce prince dans son *Traité de vulgari eloquentia* comme un excellent maître en poésie, opinion qui est celle de Pasquier et de l'abbé Massieu. Il faudrait en effet ne pas tenir compte de l'influence de l'époque, quand à la vétusté du langage et à

Peu de personnes, je le sens, concevront cette extase qu'on qualifiera de prétentieuse, à l'aspect d'un pan de muraille noirci et miné par le temps. Aussi n'avons-nous pas plus l'intention que le *droit* d'exiger que chacun se complaise à s'égarer, à se perdre même, comme nous venons de le faire dans le riant domaine des illusions. Nous nous bornons à reproduire nos premières sensations, estimant heureux, par expérience, quiconque se sentira disposé à les partager.

Les parties de ce palais, qui subsistent encore, et qui par conséquent doivent avoir une valeur plus *réelle* aux yeux de la plupart de nos lecteurs, étaient affectées aux officiers et aux commensaux. Elles furent remises en 1670 à la disposition des pères de l'Oratoire qui y établirent un collége renommé.

Après avoir fleuri long-temps sous la direction des oratoriens, le collége de Provins vit ses nombreux élèves dispersés tout à coup par la tourmente de 1793, dont les ravages atteignirent jusqu'à la génération alors naissante.

Aux nobles travaux des humanistes succéda l'humble éducation *primaire*. Les lieux où s'assembla la *première Académie française*, constituée et présidée par un preux, devinrent l'abri d'un pauvre maître d'école, et les voûtes encore retentissantes des argumentations sur la langue harmonieuse de Virgile et d'Horace, n'eurent plus à répéter que le *balbutiement* syllabaire des enfans des vignerons de la Ville-Haute.

Dans ce local si favorable et si malheureusement dédaigné par l'autorité comme par les principaux habitans de Provins qui devaient au collége le bienfait de leur éducation, tout se ressentait de ce funeste abandon. Les restes du palais des comtes, les salles désertes du collége, ces grands débris *se désolant entre eux*, allaient tout doucement rejoindre et grossir par fragment les monceaux de pierres dont toute colline est couverte, et ajouter de nouvelles ruines à celles qui constituent aujourd'hui la Ville-Haute, lorsqu'en 1822 la création d'un collége mixte, de plein exercice, dirigé par des ecclésiastiques, vint

la liberté de quelques images, pour refuser à ces premiers accens de la Poésie française, dite encore alors la science gaie, les grâces de la naïveté et les charmes d'une érudition et d'une expression poétique peu communes sans doute à une époque antérieure de près de 300 ans à celles où Marot et Ronsard écrivaient, et où l'on ne connaissait guère que les rimes d'Abailard, également inspirées par l'amour; les romans d'*Alexandre*, par Alexandre des Paris et de la *Rose*, par Guillaume de Loris, datant d'une époque contemporaine au règne de Thibaut, d'où l'on peut conclure que ces poëtes furent du nombre des *premiers académiciens français*, dont ce prince recherchait la société et stimulait le talent par ses conseils, par son exemple et par de nobles encouragemens.

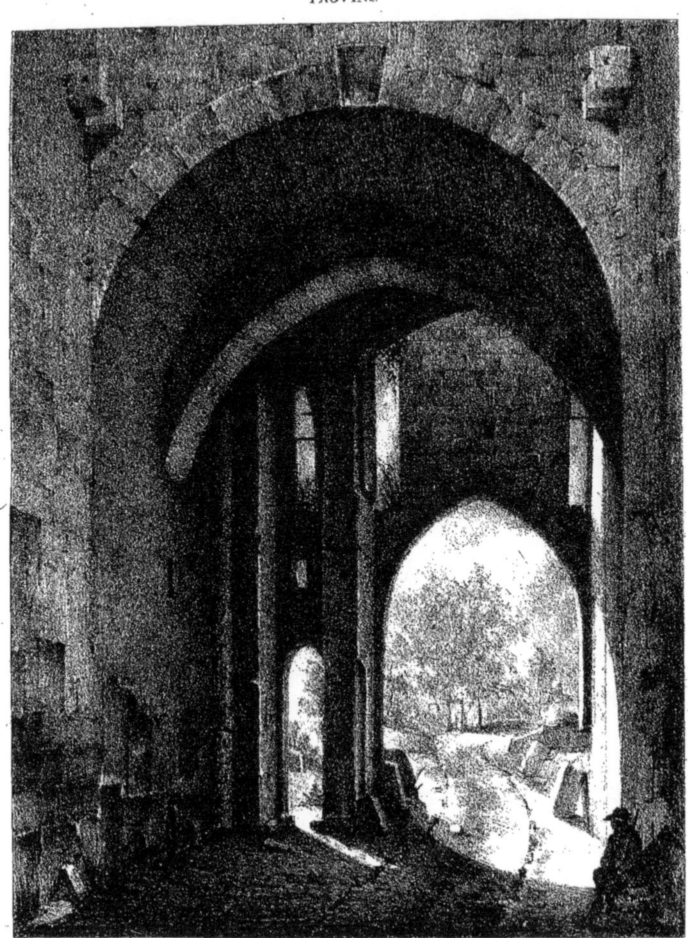

Le Saint del. Lithe. de C. Motte

Vue intérieure de la porte Saint-Jean.

raffermir ces débris et ouvrir une nouvelle carrière d'espérance aux chefs de familles disposés à se contenter de procurer à leurs enfans l'éducation *de province*, qui forma Montaigne et Fénélon, et tant d'autres grands hommes recommandables à divers titres.

A peine formé, ce collége compte déjà quatre-vingts élèves, dont plusieurs retirés des meilleures pensions de la capitale, n'ont qu'à s'applaudir de la transition. J'ai vu ces enfans, brillans tous d'une santé qu'ils doivent en partie, sans doute, à l'admirable position de leur collége [1]. Instruit par eux-mêmes des règles de la discipline exacte à laquelle ils sont soumis, je craignais de les interroger sur l'opinion qu'ils pouvaient s'être formée de leurs despotes à robes noires, mais je fus bientôt rassuré par la douce et respectueuse intimité que je vis régner entre les maîtres et les élèves. Comparant alors les témoignages que ces derniers me rendirent des soins paternels dont ils étaient l'objet, avec les charmantes épigrammes que j'entends diriger hebdomadairement par de jeunes lycéens contre leurs professeurs laïques, j'ai prononcé entre les deux éducations [2]. Libre à chacun d'infirmer mon jugement.

VUE INTÉRIEURE DE LA PORTE SAINT-JEAN,

PAR M. LE SAINT.

Le massif que cette porte et ses dépendances occupent entièrement, et qui forme saillie, des deux côtés, sur les murs des fortifications, présente à peu

[1] A côté des avantages sont les inconvéniens. Celui que je dois signaler en qualité d'historien véridique n'a cependant rien d'effrayant pour les parens ni même pour les élèves; mais il doit être d'une certaine importance dans l'intérêt de l'établissement, à raison de l'extrême modicité du prix de la pension. Il s'agit de l'inconcevable appétit dont les écoliers font *journellement* preuve.

[2] L'austérité des dehors, et jusqu'à la sévérité du costume, qui, dans l'administration de la justice, exercent une magie utile sur les criminels les plus éhontés, et doivent à plus forte raison imposer à des enfans, sont certainement pour quelque chose dans ce résultat différent de deux systèmes d'éducation, du reste à peu près analogues.

près un carré de huit toises sur toutes faces. Les voûtes, divisées en plusieurs ceintres, soutenaient une construction élevée de trois étages, qui servait de corps-de-garde et de lieu d'observation, et dont l'entière démolition ne date que de quelques années. Le sol servant de point d'appui à cette masse, est également voûté. C'est là que commence ou que se termine la série de caveaux plus ou moins élégans, mais tous d'un bon goût de construction, et d'une solidité à toute épreuve, qui se prolonge jusqu'à l'extrémité opposée de la Ville-Haute. Le faubourg de Vilcran, dont il ne reste aucune trace, était en dehors de la porte Saint-Jean : il fut détruit dans les guerres, comme celui de Fontenai-Saint-Brice, pour démasquer les fortifications.

De plusieurs anecdotes que nous aurions pu encadrer dans cette notice, nous ne citerons, pour terminer notre tâche, que la suivante, dont l'authenticité est incontestable.

Dans les guerres de la Ligue, le 2 juillet 1590, Jean Pastoureau, seigneur de la Rochette, commandant un parti de ligueurs, voulut profiter, pour susprendre Provins, de ce que la fête de la Visitation, qui se chômait sur les remparts extérieurs, pouvait apporter quelque relâche dans les consignes. Vêtu en roulier, et après avoir aposté bon nombre de ses gens, également déguisés, autour de la porte Saint-Jean, il s'y présenta comme conducteur de deux voitures de vin, dont plusieurs tonneaux, *dit-on*, contenaient des gens de guerre; là, jetant le masque, il s'efforça de s'emparer de cette clef de la Ville-Haute; mais cet Ulysse moderne ne recueillit pas le fruit de sa ruse renouvelée des Grecs. Le courage de quelques habitans fit avorter ce projet après une lutte sanglante dont le souvenir est conservé dans les chartres provinoises, et notamment dans uns des comptes de la fabrique Saint-Ayoult, où l'on lit :

« Le 15 novembre 1591, fut fondé dans cette paroisse un obit, moyennant » quatorze sous six deniers de rente, pour Nicolas *Garnier, avocat et élu,* » *capitaine* du quartier Saint-Jean (ce devait être comme qui dirait aujour- » d'hui, à cela près du caractère belliqueux et de ses dangereuses consé- » quences, un officier de garde nationale), lequel fut tué, à ladite porte, » par des ennemis habillés en charretiers, faisant semblant d'amener du » vin. »

Les habitans de Provins, plus avides de détails semblables que les autres souscripteurs, à qui ces anecdotes locales doivent importer assez peu, remarqu... peut-être que nous nous efforçons d'abréger nos descriptions. Nous leur devons, à cet égard, l'aveu que notre travail touchait heureusement à sa fin, lorsqu'une circonstance très-pénible est venue m'enlever toute disposition à le continuer, et surtout à égayer la description de monumens, dont chaque partie, et notamment celle dont je m'occupe, et qui me restait à décrire, me rappelle une perte récente bien douloureuse.

Hélas! lorsque je remettais, de livraison en livraison, par un motif dont je ne puis me rendre compte, à parler de ce qui pourrait être relatif à la porte Saint-Jean, tout en présentant son double aspect extérieur, avais-je le pressentiment de la douloureuse circonstance qui, quelques jours plus tard, est venue attacher pour moi à cette localité, un souvenir qui absorbe tous les autres.

Ennemi des digressions personnelles, dois-je me flatter qu'on me pardonnera celle que m'arrache, malgré toutes considérations, la description des lieux qui renferment, depuis quelques jours et à jamais, la dépouille humaine de mon père, d'un vieillard dont l'existence de quatre-vingt-trois ans a paru trop courte à qui l'a connu.

Le tribut d'une douleur récente qui cherche à s'épancher ne sera pas pris, j'en ai la confiance, pour la spéculation d'une sensibilité fastueuse. On me permettra donc de consigner ici, ne fût-ce que pour mes enfans, lorsqu'ils liront ces notes, que ce fut par cette porte que, le 17 janvier 1823, nous conduisîmes, mon frère et moi, l'auteur de nos jours, notre guide, notre généreux et constant appui, à sa dernière demeure, après avoir recueilli pour lui les prières de l'église, dans ce même temple de Saint-Quiriace, où, vingt mois auparavant, nous assistâmes avec tant de joie au renouvellement de son hymen semi-séculaire

Que ces remparts, auxquels je m'étais complu à trouver, peut-être même à *créer* des charmes, m'ont paru tristes et longs, en les parcourant par un temps neigeux, à la chute du jour, avec le lugubre cortège qui, pour moi, sera désormais inséparable de ces sites! Le cri de l'orfraie se mêlait seul aux chants de l'église et à un concert d'éloges et de regrets qui flattait et déchirait mon cœur. Marche affreuse! qui, au moment d'une entière séparation, me sembla trop courte, encore, jusqu'à l'arrivée au nouveau cimetière, qu'on a placé vis-à-vis la principale tour (aux engins), comme pour mettre le néant de l'homme en présence du néant de ses œuvres, et pour démontrer, en rapprocha[illegible]t ce rendez-vous de la mort, des immenses et inutiles de[illegible]a-vaux humains, la folie de nos efforts, à raison du but auquel ils tendent. L'écho, dont nous avons dit qu'on admirait de ce point les redondances récréatives, n'avait alors à répéter que des sanglots et l'épouvantable bruit de la terre tombant pour toujours sur le cercueil d'un homme de bien, d'un être chéri qui naguère nous pressait dans ses bras.

CUL-DE-LAMPE.

HOTEL DES LIONS.

D'APRÈS les manuscrits sur Provins, recueillis (en dix-sept volumes), par M. l'abbé Ithier, le *Montfaucon* de cette ville, où sa perte assez récente a laissé de vifs regrets, l'Hôtel des Lions, aujourd'hui auberge de la Croix-Blanche, située au bas du petit escalier qui conduit à Saint-Pierre [1], est cité dans divers titres des XIVe et XVe siècles sous le nom des *Vieux Bains*.

Les *nouveaux* bains établis en 1307, *ob affluentiam populi*, par une ordonnance de Louis Hutin, comte de Champagne, du chef de sa mère Jeanne de Navarre, étaient à peu de distance de leurs prédécesseurs, derrière l'Hôtel-Dieu.

Ces bains ou étuves se servaient à volonté chauds ou froids sous les noms alternatifs de *tepidarium* et de *frigidar*.

Quelques pièces d'or, du IXe siècle, trouvées en 1821 dans la cave de cette

[1] Près de l'hôtel des Lions est un bâtiment gothique, en pierre, d'un goût très-pur, encore surmonté d'un tuyau de cheminée *du temps*. L'analogie de la construction et des dispositions de ce bâtiment, dit l'hôtel de *Veau luisant*, avec la grange des Dîmes et les Refuges, nous a dispensé d'en donner l'aspect et la description.

5..

auberge, ont fait supposer que l'Hôtel des Lions aura pu servir de succursale à l'Hôtel des Monnaies fondé dans son voisinage vers 800 [1].

Quoi qu'il en puisse être de cette particularité, on ne peut douter que la construction de cette maison en pans de bois de châtaignier ajustés et travaillés avec un goût remarquable, ne remonte à un temps très-éloigné; de même que, grâce à la vertu incorruptible de ce bois, le seul sur lequel l'influence de l'air soit peu sensible, nous pouvons prédire, modestie à part, que ce bâtiment survivra à l'ouvrage éphémère qui le décrit.

Le voilà terminé cet ouvrage qui serait mal jugé si on ne s'arrêtait qu'à l'exécution, surtout de la partie qui nous concerne : c'est principalement son but que nous voudrions faire entrevoir et apprécier; aussi croyons-nous devoir le rappeler dans une courte épilogue.

Nous avons eu tout lieu de craindre, en nous relisant, qu'entraîné par le desir personnel d'être agréable aux habitans de Provins, nous n'ayons, à propos d'une ville *éteinte depuis plusieurs siècles*, et à peine mentionnée dans l'Histoire, trouvé *le secret de trop dire et ses fâcheuses conséquences*. Pressé

[1] La monnaie de Provins est souvent mentionnée dans l'Histoire et dans les Mémoires des temps intermédiaires. *De Valois* dit, dans sa Notice sur les Gaules : « *Nummos non paucos vidimus Caroli Magni posterorum, percussos in castro Provini, ac inscriptos* PROVINO. »

Le quatrain suivant, fait à l'occasion d'une refonte de monnaie, ordonnée par Thibaut IV, immortalise en même temps les vignobles de Provins, pour ceux qui se contenteront de juger leurs produits sur parole, car les gourmets trouveront la licence poétique un peu forte ou l'asservissement de la rime *obligée* par trop dur.

L'an mille deux cent et vingt-quatre
Fit Thibaut sa monnaie abattre,
La vieille monnaie de Provins,
Où *l'on boit souvent de bons vins*.

C'est, au surplus, ce qui arrive encore aujourd'hui à Provins comme ailleurs.

Les florins d'or très-pur frappés en 1327, valaient 21 sous 3 deniers, on les nommait l'*aigniel*, à cause de l'agneau paschal qu'ils représentaient.

Le privilége de battre monnaie fut enlevé à Provins par décision royale, en 1336; il paraît cependant qu'il lui fut rendu momentanément, en 1362, lorsqu'après le paiement de la rançon du roi Jean, l'argent devint si rare qu'on y suppléa par une monnaie de cuir *enrichie* d'un pett clou d'argent. Cela *valait* encore mieux que nos assignats.

par le temps qui, en espèce semblable, nous le savons, *ne fait rien à l'affaire*, mais dont la privation nous a empêché d'être plus concis, empêtré dans un dédale de recherches qu'il n'a pas toujours dépendu de l'obligeance de nos premiers guides de nous épargner, et contraint, par la coupe même de notre travail, ainsi dirigé pour varier les *vues* dans chaque livraison, de changer à chaque page de matière et de ton, nous n'avons pu faire qu'une mosaïque très-imparfaite et qui le paraîtrait bien davantage encore, sans la partie du *dessin* qui la relève. Notre excuse est dans le peu d'importance que nous devions attacher à ce premier ouvrage destiné seulement à montrer le parti que gens plus habiles pourraient tirer de ce cadre, et les avantages réels qui résulteraient de travaux du même genre, mieux combinés et plus élaborés, appliqués à des villes *autrement* célèbres que Provins. Alors serait bien plus sensible l'effet suivant qu'on peut attendre, selon nous, depuis l'invention de la lithographie, de ces descriptions locales à la fois pittoresques et historiques, mises par la modicité de leur prix à la portée des fortunes médiocres.

Il est incontestable, pour tout observateur, que notre belle France, si appauvrie sous le règne du vandalisme, en fait d'*anciens produits* d'art de son *sol* se trouve réellement à la veille d'en être entièrement dépouillée. Le peu qui lui reste est menacé ou par le marteau de l'ignorance ou par des explorations spéculatives faites à la diligence de l'étranger, d'autant plus avide chaque jour de nos trésors dans ce genre, qu'il voit par de nombreux exemples les moyens faciles de les obtenir à bon prix. En exploitant notre insouciance à cet égard avec son or, en dirigeant vers d'autres rivages d'immenses cargaisons de monumens doublement précieux pour nous et que ne reverra jamais le pays qui leur donna le jour, l'étranger rend sans doute au génie de nos artistes (principalement de ceux des xve et xvie siècles [1]) un hommage bien flatteur *pour eux;* mais pour eux seulement.

[1] Beaucoup, ne jugeant les richesses que par l'étalage, nous estiment encore bien abondamment, et même surabondamment pourvus d'objets d'art, d'après le nombre des monumens qui encombrent nos places, et qui pullulent dans nos musées, dans les collections d'amateurs, dans nos Bazars de toutes classes et jusque dans nos cinpetières. Heureuse illusion! Que nous importeraient les *migrations* dont nous parlons, si elles ne tendaient qu'à soulager notre sol du poids de la plupart de ces richesses? A l'exception de celles des Musées! nous ne chômerons jamais de temples grecs (ou à peu près), de fontaines forme de poële ou de cénotaphe, de statues à chignons, peut-être encore préférables à ces

C'est lorsqu'on arrive au fond de sa cassette qu'on sent mieux les inconvéniens de l'incurie ou de la prodigalité et qu'on doit songer au besoin de réparer leurs effets par l'ordre, l'économie et tous les moyens de conservation.

Ces moyens, qui tendraient ici à tromper la convoitise de *nos* collecteurs d'outre-mer et à déjouer les manœuvres des démolisseurs, on ne peut guère espérer de les trouver dans les recommandations de l'autorité, ni même dans la pénalité dont le propre est d'éveiller le desir de la braver.

Qu'en coûterait-il d'essayer celui que nous proposons, avec un exemple à l'appui? Le progrès des lumières si vanté, par tant d'*aveugles* même, tournerait du moins au profit de notre *splendeur* nationale, si, par ces ouvrages, faits pour toutes les classes, on parvenait à *éclairer* la génération actuelle sur le double mérite qu'offrent les monumens qui frappent journellement ses yeux, et par conséquent à l'intéresser à leur conservation. Alors, tout serait avantage, pour les amateurs qui meubleraient leurs portefeuilles de ces ouvrages, pour les artistes, pour les voyageurs et pour les étrangers eux-mêmes qui pourraient y trouver des buts d'exploration visuelle et pour les villes décrites, enrichies par les tributs levés sur la curiosité, et qui conserveraient, avec leurs monumens, l'or destiné à les acquérir.

Peut-être aussi les recherches d'obligations pour le texte explicatif, en nécessitant l'exhumation de nombreux manuscrits enfouis depuis des siècles dans les archives municipales, procureraient-elles des matériaux neufs et très-

antiques modernes dont le galbe invariable rappelle partout à nos yeux comme à nos cœurs notre feue déesse de la liberté. Cette mine est inépuisable pour nous. Ce n'est pas pour les ouvrages des *Boucher*, rivaux, disciples et consors, ni pour les sculptures en toutes matières du siècle de Louis XV que nous réclamons l'*embargo*, non plus même que pour les chefs-d'œuvre de la Grèce, de l'Italie et de la Flandre, qui, tarifés comme objets d'un commerce général, nous reviendraient toujours à *volonté*; les travaux tout français des *de Lorme*, des *Primatice*, des *Bullant*, des *Goujon*, des *Pilon*, des *Cousin*, des *Benvenuto*, des *Palissi*, des *Gelée*, des *Poussin*, des *Lesueur*, des *Coustou*, des *Pujet*, des *Champaigne*, des *J. Vernet*, des *Greuze*, des dignes chefs et des nombreux soutiens de nos belles écoles actuelles, voilà les vrais articles de contrebande que nous signalons à la vigilance de nos douaniers, en desirant qu'on ratifie cette consigne.

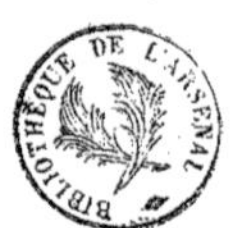

utiles pour une bonne histoire de France par les monumens, qui serait elle-même un monument très-desirable.

Cette proposition, déjà exprimée dans notre Prospectus, est, comme on le voit, une véritable déclaration de guerre au vandalisme, monstre que nous serons toujours disposés à combattre à outrance. Jaloux, en provoqant cette *croisade* toute conservatrice, de réunir enfin sous les mêmes drapeaux les Français de toutes *nuances*, nous mitigerons ce que le mot de croisade peut avoir d'offusquant pour certains, en plaçant sur la bannière, ce mot d'ordre de leur généralissime, mais plus convenablement appliqué : *Écrasons l'infâme !*

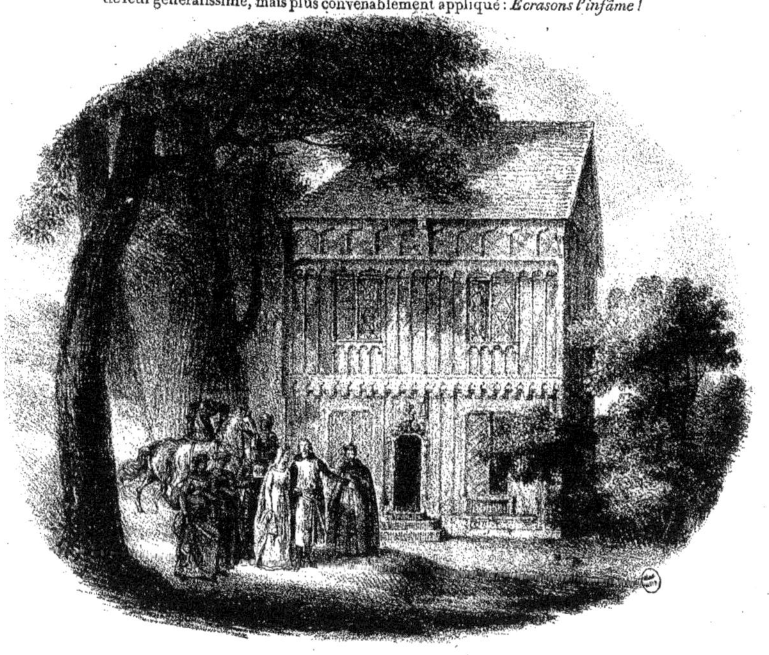

ERRATA. — PREMIÈRE LIVRAISON.

Page 2, ligne 7. Qui l'avaient fait naître, *lisez :* Qui l'avait fait naître.

P. 5, note. Nous entendons par le IXe siècle, *lisez :* par le Xe siècle ; et voyez la note de la p. 8 de la seconde livraison.

P. 9, l. 25. Grand seigneur, *lisez :* Sultan de Damas.

P. 24, l. 7, M. Opoix, alors inspecteur-général, retranchez alors.

P. 25, l. 18. Munificentia civis graii ob sanitatem mirè additam, *lisez :* Munificentia civis grati ob sanitatem mirè redditam.

P. 28, l. 2. Et revint à Provins, *lisez :* Et revint à Épernay.

SECONDE LIVRAISON.

P. 8. l. 10. Mont Artuc, *lisez :* Mont Arluc.

P. 25, l. 25. Fertam, *lisez :* Fortem.

P. 30, l. 3. Jean Joujon, *lisez :* Jean Goujon.

P. 11 du Cul-de-Lampe. Sou vani, *lisez :* Son vani.

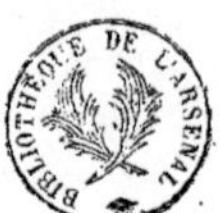

www.ingramcontent.com/pod-product-compliance
Ingram Content Group UK Ltd.
Pitfield, Milton Keynes, MK11 3LW, UK
UKHW012214240726
13966UKWH00003B/759

9 782013 053464